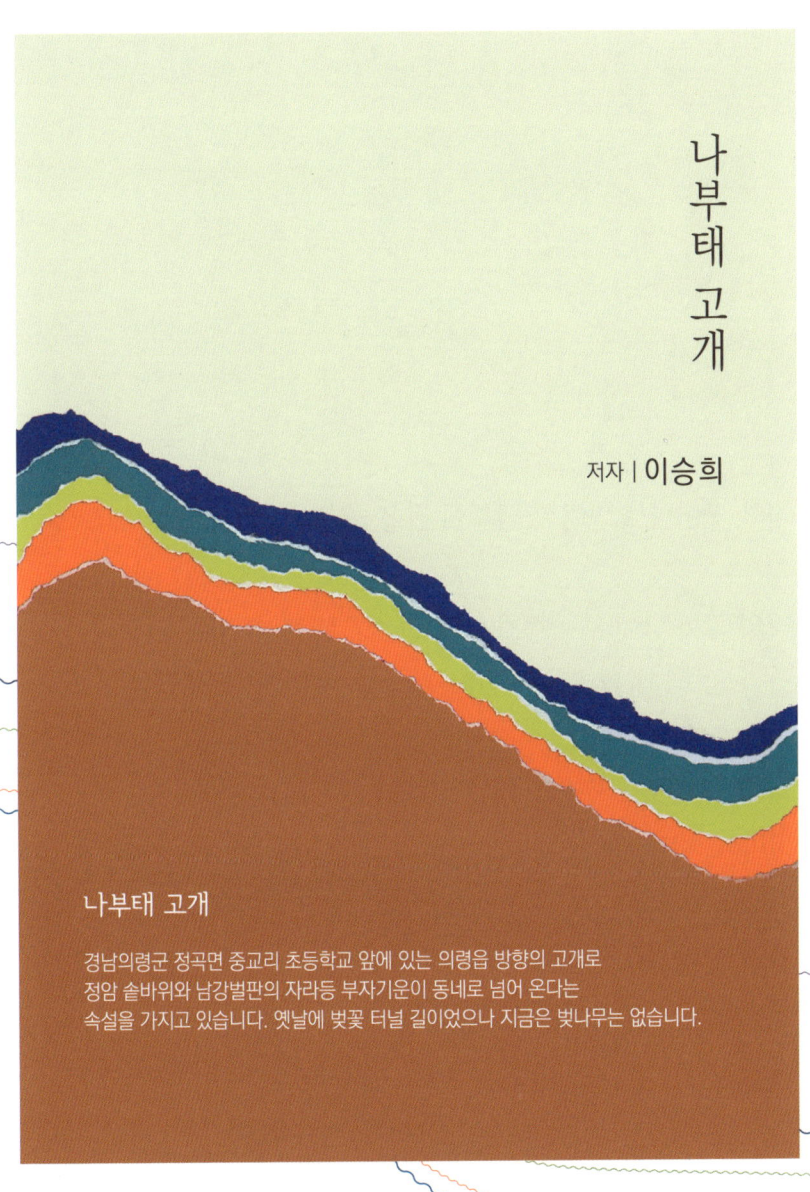

나부태 고개

저자 | 이승희

나부태 고개

경남의령군 정곡면 중교리 초등학교 앞에 있는 의령읍 방향의 고개로
정암 솥바위와 남강벌판의 자라등 부자기운이 동네로 넘어 온다는
속설을 가지고 있습니다. 옛날에 벚꽃 터널 길이었으나 지금은 벚나무는 없습니다.

온북스
ONBOOKS

나이가 쌓이니 오만가지 생각이 잠을 깨운다.

우리의 삶이 남이 뛰어주지 않는 출전기회 단 한 번뿐인 달리기인 것을 요즘 와서 많이 실감하니 시간을 싸게 팔아 세월을 가볍게 산 우둔함과 일치한다.
조금 비싸더라고 시간을 역간 보태고 싶은데 세상에는 그런 장사꾼 없다고 한다.

그동안 고향생각, 부모님생각, 직장, 소업, 취미등 생활주변 이야기를 두서없이 써본 글들을 정리 차원에서 모아 보았다.

방만한 이념대립 어설픈 민주 자유보다는 안보질서가 먼저이고 민심, 여론보다는 내일의 국익이 우선해야 하며 신생(神生)보다는

인생을 선호하는
그리고 좋은 과일은 오늘 먹지 않고 내일을 위해 남겨 놓는다는 석과불식(碩果不食)이란 말에 마음이 가는 지극히 평범한 사람의 부족한 글들이지만 세상을 보는 눈이 이런 사람도 있구나 정도로 헤아려 주기 바란다.

선친의 생전 노래처럼 고향 선영 지명이 봉황정이라 후손 중에 인물 나기를 바라지만 투자와 정성과 운도 따라야하는 세상이치라 후대를 기약하면서 작은 벽돌 한 장이라도 올려놓고 가고 싶은 마음뿐이다.

겨우지만 밥 먹고 살고 있는 것 여러 인연에 고마움 전합니다.

2024년 11월

南峴 李勝熙

제1부 | 수필 (I)

그놈 말은 청산유수 같다 ··· **10**

인왕제색도

세상에서 제일 좋은 빽은? ······································· **21**

내일생각

우산 ··· **30**

매미와 5분

그대는 그 사람이 되어주고 있는가? ························· **41**

생일 그 즐김과 다짐

윤동한 역사경영 에세이("조선을 지켜낸 어머니"를 읽고) ········ **52**

햇빛을 보고 싶었던 고시비(古詩碑) 하나

주인과 길가는 사람 ··· **63**

BB와 독구

갈치 가운데 토막 ·· **72**

발자국과 이름값 ··· 77

이고득락(離苦得樂)과 위선취락(爲善最樂)

인천 자유공원 광장 앞 나무에 까치가 집을 지었다(까치집Ⅰ) ············ 88

장충동 까치님은 아시나요(까치집Ⅱ)

헌배 ··· 96

아이스께끼

만시지탄 좌우명을 하나 자작하다 ································· 105

불가사의

아직도 사농공상인줄 아는 공무원들이 많다 ·············· 113

"칸"에서 보는 것들

제1부 | 수필(Ⅱ)

박빙의 대선 승부는 나라를 둘로 쪼개는 망나니 춤이다 ············ 122

몸담고 있는 자유대한민국의 존립차원에서 핵보유가 시급하다

경전의 수정을 허(許)하라 ································· 133

Allow the Revision of Scriptures

동물원 인간우리 안내문 ································· 144

제2부 | 시, 산문

아버지 ·· 148

어머니

발톱 깎으러 삼성병원에 ································· 154

모내기

선암사 ··· 159

개똥밭

두레박 끈 ··· 165

아저씨는 오골계

봄날은 간다 ··· 168

낙장불입

온천물 한바가지 ··· 173

일회용 종이컵

맛도 없는 나이 ··· 177

신간안내

머리 말리는 여인 ··· 181

한 분야의 도(道)의 경지를 본다

손주들에게 딱 한 가지 당부 ··························· 184

제3부 | 인연에 대한 단상

1. 부모님에 대한 단상 **186**
    부
    모
2. 이병철 회장님에 관한 단상 **196**

제4부 | 이야기가 있는 그림, 글씨

소치 허련의 수묵화 **204**
가야산 안내도
손재형의 화중유시 **207**
박성한의 농악

에필로그

원고정리를 마치며 **212**
가산점 받을게 없다
국제문예 수필부문 등단 심사평 **214**

나부태 고개

나부태 고개

제1부
수필 (I)

그놈 말은 청산유수 같다 속에서...

"운도 고기잡이와 마찬가지라는 생각이 든다.
진짜 어부는 일상의 출항에 일희일비 하지 않는다고 한다.
배도 점검하고 그물도 수리하고 미끼도 챙기고 날씨도 물때도 보고 나가
그물을 내리고 나서야 운을 부른다는 것이다.
열심히 나름대로 최선의
준비와 실행을 하고난 다음 결과를 기다리는 것이라
운과 노력이 별개가 아니고 노력의 끝이 운이라는 가치관이다.

그놈 말은
청산유수 같다

사는 것
운칠기삼 (運七技三)이라 한다.

　노력도 중요하지만 運이라 불리는 알 수 없는 우연의 힘이 크게 작용한다는 말이다. 이는 전지전능 하지 못한 인간들의 한계를 말하기도 세상일 마음먹은 대로 잘되지 않는다는 자탄의 소리로 들리기도 한다.

　삼성창업주 호암 이병철회장은 성공하는 사람의 세 가지 덕목으로 운, 둔, 근(運鈍根)을 즐겨 인용했다.
운이 따라야하고 잔재주에 휘둘리지 않는 우직함이 있어야 하고 버티고 기다리는 끈기가 있어야 한다는 이야기이다.

　사람은 이 세상을 구경하는 자체가 절대 운을 타고났다.

어머니 자궁에서 치열한 경쟁으로 생명을 얻었고 세상에 똑같은 생김 똑같은 마음 가진 사람 없으니 모든 사람은 누구나 천상천하 유아독존이다. 이렇게 땅 밟고 하늘 쳐다보며 사는 것 로또복권보다 더한 확률의 행운인데도 사람들은 이를 조금도 생각 치 않고는 일이 조금만 잘 안 풀리면 운이 없다고 투덜댄다.

운도 고기잡이와 마찬가지라는 생각이 든다.

　진짜 어부는 일상의 출항에 일희일비 하지 않는다고 한다.
배도 점검하고 그물도 수리하고 미끼도 챙기고 날씨도 물때도 보고 나가 그물을 내리고 나서야 운을 부른다는 것이다.
열심히 나름대로 최선의 준비와 실행을 하고난 다음 결과를 기다리는 것이라 운과 노력이 별개가 아니고 노력의 끝이 운이라는 가치관이다.

　그래서 세상은 행동하는 사람의 것이라고들 한다.
아무리 좋은 생각이나 아이디어가 있어도 실행하지 않으면 아무것도 이룰 수 없고 운도 잡을 수 없다는 세상이치를 말하고 있음에
일찍이 호암은 개인의 능력과 운이 조직으로 이어질 때 그 힘은 능히 세상을 이끌어 감을 선지(先知)하고 이를 인재제일의 경영이념으로 실행함으로서 오늘의 기업군을 일구었을 것이다.

　우직할 둔(鈍)
　급변하는 현대사회 이미지와는 좀 매치가 안 되는 감도 있으나 예나

지금이나 큰일을 이루는 데는 두말 필요 없는 품성이라 한다.

"그놈 말은 청산유수 같다."
호암이 임직원을 문책하고 보직을 바꾸려 할 때 비서실장한테 지시하는 한마디이다. 입이 가볍고 촐랑대는 사람, 변명하는 사람을 몹시 싫어하고 "공부 더 해서 다시 보고 드리겠습니다."라고 솔직하고 좀 우직한 사람을 좋아 했던 호암이기에 그 사람 무게 없이 까불어서 일 같이 못하겠다는 표현이었을 것이다.

鈍이난 글자를 볼 때마다 재주가 넘쳐도 텃새한테는 이기지 못하는 철새들을 생각한다.
몸담고 있는 조직이 어렵거나 자신의 위치가 흔들릴 때 우리는 두 부류의 사람을 본다.

좀은 어리숙고 손해를 본다 싶어도 참을성 있게 자리를 지키는 사람과 다른 조직으로 잽싸게 짐을 싸거나 늘 옮길 준비를 하고 있는 사람이다. 한 가지 분명한 것은 아무리 재주 있어도 한 곳을 진득하게 지키지 못하는 떠돌이 둘째부인의 기질로서는 가정이나 회사나 정당에서 결코 주인이나 주류가 되지 못한다는 사실을 우리는 보고 왔다.
약삭빠른 사람들 한사람의 인생에 관여하는 세상의 그물망이 엉성하다고만 착각하는 사람들이다.

뿌리 根은 버티는 힘을 말함인데

타고난 자질에 수양과 훈련으로 얻어야 하는 덕목인 것 같다.

살다보면 매사 어려움은 상존함에 참고 중도포기 없이 과감히 결단하는 끼와 깡이 있어야 한다는 이야기인데 이름을 들먹여서는 안 되겠지만 한화그룹 김승연회장이 가장먼저 연상된다.

중, 고등학교 때 교훈이 "아는 사람 생각하는 사람 행하는 사람"이였다.

그때는 공부 열심히 하라는 말이겠지 쳐다보기만 했는데 배우고 뜻을 세우고 행동하라는 그러나 실행하지 않으면 아무것도 이룰 수 없다는 인생사 정국을 찌르는 명구(名句)임을
 어영부영 살아와 운, 둔, 근과 친하지 못했던 사람이 요즘에야 통감한다.

버스 지나가고 손드는 사람
여기 한명 추가요.

인왕제색도

훈민정음 해례본과 더불어

 우리 문화재들 중 가격을 매기기 힘들 정도라는 최고의 무가지보로 평가 되고 있는 인왕제색도가 삼성가에서 국립중앙박물관으로 기증된 전후로 매스컴을 많이 타고 있다.

 호암 미술관 개관준비 작품의 감정평가 실무를 진행하면서 인왕제색도가 왜 조선 제일의 그림인지 또 한 분야의 제1인자가 가져야 하는 품성과 덕목이 어떠해야 하는지 그리고 옛 그림 감상과 평가에 화제(畵題)의 중요성을 남보다 조금 빨리 접하고 알게 되었기에 돈 주고도 못 배우는 행운으로 지금도 생각하고 있다.

 1976년 서울대 박물관장 김원룡 박사가 회의실에 내어놓은 삼성가

소장 도자기, 서화 등을 보면서 진위여부를 감정하고 감정가액을 정하고 있다. 이 신라 토기는 얼마. 저 조선 매병은 얼마. 이렇게 하나씩 감정해 나가다가 이중섭 작 황소 앞에서는 익히 아는 작품일 것인데도 한참을 응시한다.
고개를 끄덕이고는 8천만 원

크기와 소재가 비슷한 민화 두 점을 보고는 이쪽은 50만원 저쪽은 80만원 한다.
갑자기 궁금증이 발동. 박사님 죄송합니다만 한 가지만 질문을 하고 싶습니다.
"무엇인지 말해 보세요."
"제가 보기에는 같은 크기에 비슷한 소재인데 어떻게 금액 차이를 많이 둡니까?"

"이 부장한테 한 점을 준다면 어느 것을 가지고 싶나요."
"구도가 좋아 보이고 꽃그림이 좀 선명한 저쪽을 하겠습니다."

"바로 그겁니다."
이부장이 보는 것이나 내가 보는 것이나 담양 죽세품을 파는 할머니가 보아도 사람의 눈은 똑같습니다.
보기 좋은 게 좋은 것입니다"

한마디로 아름다움을 느끼는 미적 감각은 가방끈의 길이나 금고 크기와는 전연 무관하다는 말이다.

다음은 인왕제색도 앞이다
조선 최고의 그림과 당대제일의 감식안이 마주한다.

인왕제색도
영조27년(1751년) 화가 겸재 정선이 비온 후 인왕산의 풍광을 노병에 시달리고 있는 평생친구 이병연의 치유를 바라면서 지금의 정독도서관 뜰 위치에 그렸다고 전해진다.

　　79.2×138.2cm 크기의 진경산수로 그의 400여점 작품 중에도 가장 크고 그의 화법이 단연 잘 나타난 작품으로 알려져 있는데 김 박사 본인도 직접 가까이서 보기는 처음인지 이리 저리 보고 떨어져 보고 액자까지 만져보면서 그때의 비온 후 인왕산의 싱그러운 기운과 소통하고 즐기는 듯하다.

감정가 1억5천이다.
며칠 동안 감정품 중에서 최고금액이다.

언제 다시 이 좋은 그림을 가까이서 볼 수 있겠나 싶어 책상 뒤에 딱 이틀 걸어 놓고 문외한의 객기를 부려본다.
  왜 이 그림을 조선 제일의 걸작이라 하는지 분에 넘치는 독식 감상이다.

  모르면 비싼 것 비싸게 사라는 말이 있듯 그림에 대해 아는 게 없으니 남이 비싸다고 하니 좋아 보이는 것인지 아니면 좋은 게 좋다는 말에 벌써 세뇌가 되었는지 인왕제색도가 정말 좋아 보인다.

  먼저, 아까 감정 때 김 박사한테 차마 물어 보지 못한 그림 우측 상단에 있는 화제(畵題) 인왕제색(仁王霽色)의 뜻이 무엇인지 옥편을 찾아보다가 깜작이다.
霽자가 비가 개일 제자다.
그래서 비온 후 인왕산을 그렸다고 하는구나.
옛 그림속의 글이 작품의 성격이나 내용을 설명하는 감상의 포인트라는 것을 알게 된다.
아는 게 힘이라는 말 빈말이 아니네. (웃음)

  그리고는 화면 속으로 들어가 본다.
술 못 먹는 사람이 춘색에 취했나?

우선 가슴이 떨린다. 수묵화이면서 현대 유화를 능가하는 강렬한 힘이 화폭을 압도한다.(옛 그림에서 거의 볼 수 없는 대작인 점도 있지만) 이런 힘이 어디서 나올까?
상하단의 화법도 다르지만 눈으로만 그린 게 아니라 혼이 배여 있음을 느낀다.

한양의 서쪽을 지키는 인왕산이 그곳에서 우백호의 기운을 받고 자란 입신경지의 화가 겸재에게 년 중 가장 좋은 시절인 오월 하순에 바위 수풀 계곡을 며칠 비로 씻고 솔향기로 치장 몸을 맡기니 서로를 알아주는 자연과 사람이 하나 되어 불후의 명작이 탄생한 것 같다.

 이렇게 나라 최고의 그림을 삼성에서 소장하고 제일의 감식안(鑑識眼) 김 박사가 가치를 높이니 이게 바로 각 분야의 최고가 만나는 삼극의 인연이라 훗날 그림 값이 더욱 올라가겠구나.
짐작을 했는데

역시나 천저부지 몸값에 나라가 지켜주는 국보가 되었다. 사람이나 짐승이나 물건이나 주인을 잘 만나야 한다는 말이 이런 경우를 두고 하는 말 같다.

 김 박사 하면 잊지 못하는 또 한 가지가 있다. 문화재단 이다보니 여러 경로를 통해 골동품 구입 요청을 많이 받는다. 그 중에서 간혹 좋은 물건이 있으면 진품여부와 소장가치를 알기위해 김 박사에게 의

뢰를 할 때면 한 가지 분명한 것은 언제나 이게 진품이라는 말을 하지 않는다는 것이다.

"진품에 가깝습니다."이다.

　자신이 신라든 조선이든 작품을 만들고 그릴 때 그 자리에 없었기에 진품이란 말을 하지 못한다는 것이다.
그러면 우리는 진품으로 알고 구입 결정하곤 했다.
　미술문화재에 관한 한 당대 최고의 석학인 김 박사가 자신을 담양 죽세품을 파는 할머니와 심미안은 똑같다는 거리낌 없는 표현에서 그리고 골동품 관련 송사, 자문등에서 자기 말 한마디가 법으로 통하던 대가의 입에서 진품이다가 아닌 진품에 가깝다는 겸손 자세에서 한 분야의 일인자가 갖추어야 할 인품과 덕목을 보았음에 고인이 되었지만 지금도 고개가 숙여진다.

　그동안 보기 좋은 게 좋다는 김원룡 박사의 말이 씨가 되었는지 소출은 없지만 반의 반풍수가 되어 조금의 즐거움을 보태는 미술품 감상의 취미를 가지게 된 여러 인연에 감사하고 싶다.

아직도 희망은 전문가는 언감생심 반풍수는 되었으면 좋겠다.

▶ 화제(제발)
옛날 그림들을 보면 그림 속에 글이 많이 쓰여 있다.

그림의 제목, 그리게 된 동기, 내용, 시문 등을 쓰고 또 제3자가 작품의 평가 찬사 등을 쓰기도 한다.

이를 일반적으로 화제(畵題)라고하며 전문용어로는 제발(제사발문題辭跋文을 줄인말) 이라고 한다. 요즘사람들 한문을 읽기도 힘들고 해석도 안 되니 거의 그림만 보는 셈이다. 어떤 그림은 그림보다 제발이 그 그림의 가치를 절대 평가되는 경우도 있다. 그 대표적인 게 추사의 세한도로서 그림보다 제사발문이 국보로 만들었다.

세상에서
제일 좋은 빽은?

영어 된소리로 "빽" 이란 말이 몇 개 있다.
　소위 빽을 쓴다는 배경의 뜻인 back ground도 있고 전화나 카톡의 응답인 call back도 근래 전문 용어로 많이 쓰이고 있는 feed back도 뒤로 가는 back도 빠꾸 오라이다.
가벼운 소리인 hand bag도 빽으로 쓰기도

　요즘 어디를 가든 줄서기가 당연시 되고 있다.
관공서 민원이든 식당 대기표이든 버스 타기 줄서기든 조급증 많다는 젊은 사람들이 더 줄을 서고 있다.
우리 사회도 많이 성숙되고 있음을 느낀다.
새치기가 안 보인다. 간혹 할머니들 빼고는

새치기
사회질서를 흩트리는 빽의 심리현상의 시작이다.
　순리, 순번에 앞서 혜택을 먼저 가지고 싶은 구성원으로서의 의무인 절제가 아직 들어 있지 않은
　그러나 누구나 다 가지고 있는 본능에 가까운 욕심이다.

　북한사회에도 많이 통용되고 있다는 빽(back ground)은 실력과 기회균등을 해치는 크고 작은 질서 파괴 행위로서 약하고 부족하고 급한 사람들이 가진 사람들의 힘을 빌리는 필요악인 점도 있지만 기부 입학에서부터 취직, 승진, 교수 임용, 경찰 검찰 사법권 축소 무마와 골프장 부킹 등에 많이 사용되는 바람직하지 못한 사회현상들이다.

그러나 중병으로 종합병원 명의 진료를 하세월 기다리는 답답함에 인맥을 찾는 경우등은 욕을 할 수도 없다.
이럴 때에는 나라에서 돕는 어떤 시스템이 있으면 좋겠다.

　우리 사회에서 가장 큰 빽은 아마도 국회의원 공천거래 일 것 같다. 모르긴 몰라도 돈과 권력과 줄서기가 뒤범벅이다. 명함 타이틀과 평생연금에 족보를 좌우하니 나라지킴에는 안 걸어도 공천에는 목을 맨다. 또 여기에 몸보신 하려는 일부 판검사들이 줄을 서니 이때의 빽은 법을 졸로 보는 형국이다.
옛날 직장 다닐 때 명절 때 본가에 내려가는 차표 구하기가 큰 숙제였다. 한두 장도 아니고 다섯 식구 왕복 10장이다. 제사를 모셔야하는

장남이고 일 년에 두세 번 내려가서는 효도 흉내를 낼 때라 정부에서 구정을 못 쉬게 해도 회사에는 익스큐즈하고는 본가에 간다.

그때는 경부고속도로 하나밖에 없어 대구까지 승용차로 15시간이나 걸린 적도 있다. 하도 막히니 고속도로위에서 팽이치고 금강에서 반도 대어 고기잡고 손주들 온다고 할머니가 대문 밖에서 새벽까지 기다린 적도 있는 호랑이 끽연 할 때의 옛날이야기이다.

이때 기차나 비행기 표를 구하려고 온갖 연줄을 다 동원 하곤 했는데 보통사람으로서는 사회질서에 영향을 미치는 유일한 빽을 쓰는 곳이 였고 갑자기 큰 병원이나 경찰서에 가야할 때 간호사 한명 순경 한 명이라도 연락 닿고 싶을 때였다.

지인들로 부터도 이런 부탁전화를 간혹 받기도 하니 사람 사는 세상 오십보 백보라 이러니 재벌 오너가 되면 병원을 짓고 골프장 주인 되고 권력의 상단에 올라가고 싶어 정치에도 기웃거리는 모양이다. 권력과 돈으로부터 빽을 거절할 때는 대가를 각오해야 하지만 이를 과감히 지켜 나갈 때 학교도 병원도 골프장도 그 분야에서는 명문이 되는 것을 본다.

Feed back
어떤 일의 중간과정을 확인, 평가, 점검을 통해 목표 달성을 위해 무엇을 개선하고 조정해야 하는지를 알리는 보고기능을 말한다.

피드백의 질에 따라 일의 성패와 성과도가 좌우됨은 기본이고 이때 주고받는 서로가 상대의 능력을 평가하고 신뢰를 가감하기에 개인과 조직의 성장발전에 피드백의 중요성이 그만큼 강조된다.
　그래서 보고의 내용은 최선의 전문실력을 담아 지금의 문제점이 무엇이고 목표달성을 위한 개선 대책이 무엇인지 명확해야 하며
　상하, 갑을 관계를 떠나 동기부여가 될 수 있도록 긍정적인 면도
　감정개입 없는 건설적인 비판의견도 제시 되어야하고
　시점도 소 잃고 외양간 고치는 식이 아닌 적시(適時)에 해야 하는 것이다.

세상에서 가장 좋은 빽은?

　종합병원 명의진료 빨리 받는 빽도 골프장 골든타임 부킹도 국회의원 공천 빽도 재벌회장 아버지도 한개 수천 수억 하는 에르메스, 루이비통 빽도 아니다.
신용과 인간관계로 연결되는 call back을 잘 해주는 것은 기본이고

단연코 평생을 자신과 남을 이롭게 할 수 있는, 손을 잡고 같이 일하고 싶은 사람 피드백(빽) 능력을 갖추는 일이다.

내일 생각

팔만대장경을 보관하고 있는 해인사
장경각 법보전 앞 좌우기둥에 딱 두 구절의 주련이 있다.

원각도량하처(圓覺道場何處)
현금생사 즉시(現今生死卽是)

진정한 깨달음(행복)을 얻을 수 있는 도량은 어디인가?
  삶과 죽음이 있는 지금 바로 여기에 인생은 운동장 한 바퀴만 돌고는 자식세대에 바통을 넘겨주어야 하는 유한이라 뛰고 있는 이 순간, 이 곳이 즐거움이요 행복이니 생을 찬미하고 살라는 대장경 팔만 여장을 농축한 입신경지의 지극여구이다.

죽어 한 줌의 흙으로 돌아가는 생명의 섭리를 한마디로 정의하고 있고 우리 보통사람의 다음 속담 역시 살아생전의 소중함을 촌철살인하고 있다.

"땡감을 먹고 개똥밭에 굴러도 이승이 낫다"
"죽어 천세에 이름을 날리는 것 살아생전 막걸리 한잔보다 못하다"

그런데 노여움과 슬픔은 없고 기쁨과 즐거움만 있다고 인간의 영혼을 쪼개면서까지 천당, 극락을 주장하는 종교에서 왜 이렇게 현세(現世)의 소중함을 극명하게 강조하고 있을까?

아무래도 저승의 부존재를 비유적으로 말하고 있음이리라.
목숨이 다해 에너지가 공급 안 되면 인간이 생각할 수 있는 힘인 영혼도 육체와 같이 소멸되기에 천국이니 지옥이니 하는 사후세계가 없음을 넌지시 알리는 것 같고
인간의 욕망 성취도와 비례하는 희로애락의 감정 전부가 행복이라는 큰 테두리 안에 있음에 세상만사 마음먹기에 달렸다는 말 그대로 분노와 슬픔에도 노심초사 너무 집착하지 말라는 이야기일 것이다.

사람 사는 세상 자원은 유한하기에 내일을 준비해야 하고 혼자 살 수 없기에 남을 생각해야 하므로 여기서 두어 가지 노파심이 뒤 따른다.

하나는

주련에서 "지금" 이라는 지칭은 억만겁의 세월 속에서 1백년도 안 되는 찰나의 인생이지만 살아 있는 동안 전체를 잘살라는 말인데 이를 내일도 아닌 지금 당장으로 생각하는 사람들이 많아지고 있음이다. 삶의 가치를 소중히 여기는 시대적 조류에 배고픔을 이기며 산업화를 이룬 세대들이 생에 애착을 강하게 느낄 나이를 지나고 있고 또 이들의 보상심리까지 겹쳐 불확실한 내일보다 오늘을 선호하는 세태를 이해 못하는 바는 아니지만

그러나 우리 사회 취직하기, 결혼하기, 집 사기, 사교육비등에 시달리는 사람 여전히 다수이고 즐거움에 소요되는 경비에 자유로운 사람 소수이다. 이들의 상대적 빈부갈등의 반작용 심리가 오늘 우선 쓰고 즐기고 보자는 비생산적이고 준비 없는 막살이 풍조가 사회일각에서 번지고 있다.

캐리어 달달 거리며 인천공항 출국장이나 요즘 일본 전국 공항을 메우고 있는 우리 젊은이들이 연상 되면서 우리가 밥 좀 먹게 되었던 게 얼마 되었다고? 아직은 때가 아니라 고개가 저어진다.

석과불식(碩果不食)이라는 말이 있다. 옛말에 크고 좋은 과일은 종자로 하든지 손주들 줄려고 또 만약을 대비해서 먹지 않고 남겨둔다는 말이다. 이런 농사꾼 아버지이면 노후가 걱정 없고 자식세대가 힘을 받을 수 있다.

살림의 기본은 가정이든 나라든 버는 것 밑으로 쓰는 것이다.

저축도 해서 다음을 생각하는 지출인데 고정 수입 없이 생기는 대로 쓰고 저축 없는 가장(家長)이 백구두 신고 바지 줄 세우면 그 집의 내일은 뻔하다.

나랏일도 마찬가지이다.
예산 확보 없이 빚내어 선심 복지하면 당장 오늘이야 기분 좋아 표를 주겠지만 나라는 쇠락한다. 당장의 고생을 참지 못하고 내일의 정식보다 오늘의 사탕 하나를 먹으려는 대중들의 심리와 포퓰리즘 정권이 만나고 있는 남미 여러 나라들이 여기에 해당이다.
하지만 자원 많은 그들이야 어떻게든 밥은 먹겠지만 지지리도 가진 게 없는 우리가 그들의 뒤를 따라가고 있는 것 같아 정치의 중요성을 실감한다.

다른 하나는 주련의 "바로여기에" 이다.
사람은 사회적 동물이기에 누구나 혼자가 아니라 인간 관계속의 일원으로 살아가고 있음을 찍어서 강조 하고 있다.
그래서 자신의 행복도 다른 사람의 도움 없이는 불가능 하니 자신을 생각하듯 남을 배려하고 살라는 말인데 IT, AI등 기술 가속화로 완전 개인 중심의 세상이 되니 그 필요성을 별로 느끼지 않아 핵가족마저도 분열 부부, 자식 간도 각자도생이 되어 가고 있다.
차갑고 메말라가는 세상에 더불어 삶의 의무가 더욱 요구되는 요즘이다.

사과 한 상자를 먹는데 갑순이는 크고 맛있는 것부터 골라 먹고 을순이는 작고 맛없어 보이는 것부터 골라 먹는다.

주어진 환경에 적응하는 자세가 반대로 갈라진다.
한 사람은 자신의 지금을 즐기고 한 사람은 내일의 희망을 두고 즐긴다. 누가 더 행복할까?

맛있는 것부터 먹고 싶은 것은 인간 누구나 공통된 욕구이고 불확실한 내일보다는 오늘 지금을 택한 갑순이가 당연히 행복하고 현명하다고 생각도 든다.

그러면 말을 바꾸어 보자.
좋을 것을 이미 먹은 사람과 좋은 것을 남겨 놓아 나중에 먹을 수도 남에게 베풀 수도 있는 사람 중 누가 더 행복할까?
여기서는 의견이 달라진다.
얼마 전 영일만 불빛 축제 중 포철 용광로 쇳물 붓는 장면에서 가슴이 뜨거웠다.

내일을 생각한 한 통치권자의 위대한 결단이 녹아 쏟아져 나옴을 보면서 내일을 생각지 않는 가정이나 나라 결코 발전할 수 없음을 다시 한 번 통감한다.

▶ 포항 영일만 국제 불빛축제 2024 5/31~6/2

우산

장마비 빗방울이 묵은 나이를 두들긴다.
   연전에 김혜수가 나온 슈룹이라는 드라마가 인기였는데 내용도 재미있었지만 제목이 너무 생소해서 지금도 입에 담아본다.

"슈룹"
말 처음 만드는 원시인들의 숨소리,
심해에서 잡은 상어종류,
토템신앙의 부적 이름,
스위스 명품 초콜릿 집 상호 같기도 하다.
오지 선다형 시험문제 감이다.

   그런데 고려시대 이전부터 우산의 옛 이름인 순수 우리말이라 한다.

우산

 비 안 맞고 다니려고 사람들이 만든 작은 도구로서 인간세상 보호라는 말의 전형이 되어 있다. 평소에는 전연 필요성을 느끼지 않아 구석에 있다가 비만 오면 역할이 절대적이다.
그리고는 비가 그치면 접히고는 잊어버린다.

 우리 주위에는 우산 같은 보호막이 부지기수다.
지구 바깥으로부터 광, 전파의 유해물질을 걸려주는 대기권의 자연적 보호막을 시작으로 인공적으로는 옷, 집, 약, 병원, 보험, 나라의 안보 치안 등등 인간생활의 편의품, 편리품, 기호품, 대부분을 이도 부족해서 마음을 위탁 관리(?)한다고 사후세계를 더 붙인 종교까지 우산 만들듯 만들어 놓고 있다.
이렇게 양파껍질 같이 겹겹이 보호막 만들어 살고 있는 인간들이 살아보니 재미있다고 그래서 수명 늘리겠다고 영양제 한 주먹씩 먹고 만보걷기 한다고 야단들인데 타고난 보호 기능만으로 살다가는 다른 생물들은 이를 보고 무슨 생각을 할까

아마

 지구자원 독점낭비 하고 환경파괴 주범이라고 욕을 할 것이고 코로나 바이러스 하나에 벌벌 기는 인간들을 보고는 웃고 있을 것 같다.
일찍이 서구에서는 내구성 좋고 다양한 디자인으로 우산이 개발되어 왔고 특권층의 권위의 상징으로도 애용 되었다고 한다.
 유럽 귀족사회 여인들이 명품 양산 우산 쓰고 삐딱구두 신고 와인

31

잔 들고 교태부릴 때 변방의 농경사회 우리는 도롱이 걸치고 짚신 신고 막걸리도 겨우 마시며 장마 논 물꼬 손 보고 다녔다.

그런데 수백 년이 지난 지금도 아프리카의 굶주린 영아들 참상을 보아야 하니 사람 사는 세상 지역 간 인종 간 너무나 불공평함을 실감한다. 기후 풍토등 자연적요소가 다르고 인간사회 우산 같은 보호기능 개발 개선을 등한시한 선조들의 탓도 있지만 지난 5백년간 백인들의 종교우산에 짓눌리고 착취당하고는 아프리카 흑인들의 손에 쥐어져 있는 성경책 한 권이 약자의 처절한 기도보다 강자의 교만한 기도를 선택 해온 인간의 역사를 대변하고 있는 것 같아 씁쓸하다.

인간관계 우산에 비유된다.
가족 간이야 이유 없이 서로를 씌워 주어야 하지만 살다보면 우산을 씌워 주고 싶은 사람 이 있고 같이 쓰고 싶은 사람이 있다.
여기에 우산 속 청춘남녀의 스킨십 같은 만남과 헤어짐의 희비가 따라도 바이바이 손 흔들면 추억이 되지만 개인도 아닌 나라간의 갈라짐은 한 나라의 존망이 걸리기도 한다.

우리는 세계 최강 최고의 미제(美製) 안보우산을 쓰고 있다.
그러나 항상 불안하다. 북한의 핵개발을 막지 못한 미국이 언제 국익이란 이유로 혈맹에서 선을 긋고 안보우산을 홱 접을지 모른다.
그래서 국가존립 차원의 특단의 대책이 필요한데 삼권분립 조직에서 밥 먹고 있는 사람들이 안보는 뒷전이 니편 내편 패 갈라 정권 싸움만 하고 있으니 나라 앞날이 큰비를 맞을 것 같다.

　위정자들은 알았으면 좋겠다.
보통사람들의 일상소망은 형편이 좀 나아져 영국왕실 전용우산 '펄튼'을 한번 써 보는 게 아니라 조금 못살아도 강한 비바람에 견딜 수 있는 국산 안보우산을 갈망하고 있다는 것을

명심보감에 주식(酒食)친구와 위난(危難)친구라는 이야기가 나온다.
먹고 마실 때에는 친구가 많은 것 같아도 막상 어려울 때는 안 보인다는
우산을 씌워주는 우산 같은 인간관계가 아니라 우산같이 필요 할 때만 이용하는 이기주의 세상인심을 꼬집고 있다.

　개인 간도 나라간도 모든 사이가 우산 속 비밀공유 관계로 갈수는 없지만 최소한 우산을 같이 쓸 때 어색한 관계는 되지 않도록 너나없이 평소에 관리가 필요 한 것 같다.

내년이면 비가 오든 안 오든 자동 우산을 쓰게 된다.
드디어 우산을 닮아 산수(傘壽)라는 대망(ㅠㅠ)의 팔십이다.
뭐 잘한 것도 없는데 벌써 우산을 받쳐 주려고 하나?
이런 서비스 아직은 반송하고 싶은데 주소를 잘 모르겠다.
분명 나이 막아주는 우산도 같이 팔고 있을 텐데 -----.

〈 나이별 명칭 〉

나이	명칭	풀이
15	지학(志學)	논어의 '十有五而志于學' 15세가 되어서 학문에 뜻을 두었다 에서 유래
16	과년(瓜年)	혼기에 이른 여자의 나이
20	묘령(妙齡) 방년(芳年) 약관(弱冠)	20세 안쪽의 젊은 나이. 妙年(묘년) 여자의 스무 살 안팎의 꽃다운 나이 남자의 스무 살 또는 스무살 전후를 이르는 말
30	이립(而立)	논어의 '三十而立'30세가 되어서 학문의 기초가 확립되었으며 에서 온 말
40	불혹(不惑)	공자가 40세에 이르러 세상일에 미혹되지 아니하였다는 데서 사물의 이치를 터득하고 세상일에 흔들리지 않을 나이
50	지명(知命)	논어 '五十而知天命'에서 천명을 아는 나이. 지천명(知天命)이라고도 함.
60	이순(耳順)	"논어의 六十而耳順=60세가 되어서는 귀로 들으면 그 뜻을 알았고]에서 나온 말. 인생에 경륜이 쌓이고 사려(思慮)와 판단(判斷)이 성숙하여 남의 말을 받아들이는 나이.
61	환갑(還甲)	'예순한 살'을 이르는 말. 華甲(화갑). 回甲(회갑).
62	진갑(進甲)	환갑의 이듬해란 뜻으로 '예순두 살'을 이르는 말. 환갑보다 한 해 더 나아간 해라는 뜻
70	칠순(七旬)	일흔 살
70	종심(從心)	"공자가 70세가 되어 종심소욕(從心所欲:마음이 하고자 하는 바를 좇았으되) 불유구(不踰矩:법도에 어긋나지 않다)하였다고 한데서 유래
77	희수(喜壽)	일흔 일곱 살. '喜'자의 초서체가 '七十七'을 합쳐 놓은 것과 비슷한데서 유래.

나이	명칭	풀이
80	팔순(八旬)	여든 살.
80	산수(傘壽)	산(傘)자를 팔(八)과 십(十)의 파자(破字)로 해석하여 80세라는 의미.
81	망구(望九)	아흔을 바라본다는 뜻에서 81세를 나타내는 말. '할망구'로의 변천.
88	미수(米壽)	'米'자를 풀면 '八十八'이 되는데서 유래
90	졸수(卒壽)	아흔 살, 졸(卒)자의 약자를 구(九)와 십(十)으로 파자(破字)하여 90세로 봄
91	망백(望百)	91세가 되면 백살까지 살 것을 바라본다 하여 망백.
99	백수(白壽)	'百'에서 '一'을 빼면 '白'이 된다는 나이
100	상수(上壽)	100세, 사람의 수명을 상중하로 나누어 볼 때 최상의 수명이라는 뜻.
111	황수(皇壽)	황제의 수명 또는 나이
120	천수(天壽)	타고난 수명

매미와 5분

**일요일 아침 산책길 성당 앞 느티나무에서 참매미
한 마리를 잡았다.**
　아직도 손으로 매미를 잡을 수 있구나 웃고 있는데 놈은 손아귀 안에서 발버둥이다.

5분만 시간 내주라
놓아 준다.
수놈끼리의 약속이다.

알겠어요.

갑자기 조용해진다.

참기름같이 참 자가 붙어 있는 참매미라고 상황 판단이 빠르구나.

칭찬하면 고래도 춤춘다면서요.
그런데 제가 수놈인 것 어떻게 아나요?
그리고 어린 학생도 아닌 산전수전 다 겪은 영감님이 왜 저를 잡았나요?

이놈아
매미는 수놈만 운다는 정도는 알고 있는 사람이고 내 눈높이에서 귀청 떨어지게 맴맴 대는데 동심이 발동하여 그냥 지나칠 수가 없었다.
어른은 매미를 잡아서는 안 된다는 법이라도 있나?

그런 말 마세요.
오늘 아침에 땅속에서 기어 나와 허물 벗고 첫울음으로 나무에 바쁘게 올라가고 있는데 이런 어처구니없는 일을 당했어요.
할아버지는 장난이지만 저는 목숨이 왔다 갔다 하고 있잖아요.

그래 무엇이 그렇게 바쁘노?

암놈을 빨리 만나야 해요.

아직 머리에 물기도 안 마른 놈이 암놈을 그렇게 부르고 있나.
좀 천천히 찾아도 안 되나.

여자하고 버스는 다음에도 많다고 하는데

모르시는 말씀
인간 세상도 여자 다루기가 힘들어 한 눈 팔면 짝이 바뀐다는 소문도 있던데 매미 암놈 역시 변덕스럽고 요구하는 게 많아 조금도 방심할 수 없습니다.
빨리 작업을 해야 해요.
때문에 생존 기간 2주 정도인 우리는 평생을 우는 것입니다.
사람들이 평생을 시끄럽게 사는 것이나 피장파장이지요.

요놈이 쫑코주네

그런데 요즘 우리 사회 애 안 낳는 게 유행이다.
너도 힘들게 울어 꼭 암놈 만나려고만 하지 말고 세상을 다른 방법으로 살다 가는 것도 한번 생각해 보지.

말씀은 그럴듯한데 그게 자연에 순응하지 못하는 인간들의 간지러운 생각입니다.

　사람들은 엄마 뱃속에서 10개월을 기다리지만 매미들은 열 배나 넘는 10년 정도를 땅속에서 자연과 교감하면서 살아 움직이는 것들의 이치를 배웁니다.

우리 수놈들이 암놈 만나려고 우는 건 종족보존본능뿐만 아니라 부활, 윤회를 염원하는 기도입니다.
사람들은 자식을 낳고도 자기도 다음 세상을 더 살겠다고 온갖 방정을 다 떠는데 여기서 세상의 질서 엉킴이 시작되는 것을 모르는 것 같아요.

우리 매미들은 다음 세대에 생을 이어주고는 한 점의 티끌이 되어 자연으로 돌아가는 것을 어버이 자신들의 진정한 부활, 윤회라고 알고 있지요.

허허 이놈이 욕심으로 똘똘 뭉친 인간들의 허물을 탓하고 있구나.

아이구 아니에요.
저는 단지 자연의 섭리를 말했을 뿐이에요.

그래
인간 세상 평생을 살아도 정리가 잘 안되는데 너희들 합창 울음에서 자연의 참소리를 듣는구나.

아니
벌써 5분이 조금 넘었네.
빨리 가거라.
놀라게 해서 미안해.

부디 좋은 암놈 만나
매미 생 잘 보내거라.

손바닥을 펴니 잠시 머뭇
휙 날아가면서 찌이익 한마디 한다.

아저씨 고마워요.

어 저놈이 놓아준다고 호칭을 바꾸네.

그대는
그 사람이 되어주고
있는가?

자연이 웃는다.
　인간들은 가만히 있는 내 땅에 이리저리 금을 긋고는 니땅 내땅 이라고 떼 지어 싸움도 하고 그 위에 집을 짓고는 잘사니 못사니, 밖에 나가면 누가 힘이 더 센지 줄서기를 한다.
순간을 살면서 물욕과 명예욕에 빠져 허우적대다가 결국은 한 줌 흙이 되어 땅속으로 들어가는 대책 없는 동물들이라고

　사람은 눈, 코, 귀, 혀, 몸에서 비롯되는 빛, 냄새, 소리, 맛, 감촉 때문에 오욕이 생긴다고 한다. 그중에서 식욕, 성욕, 수면욕은 생리적 욕구로 자기 통제 아래에 있으나 물욕, 명예욕은 사회적 욕구로 상대적이라 이들을 채우기 위해서는 경쟁이 불가피하고 더 가지기 위해서는 거래를 해야 한다.

여기에 능력이라는 상품이 포장되어 유상무상으로 이동되니 이 통로가 바로 인생의 성패를 좌우하는 인간관계이다.

사람을 알아보는 사람 밑에 사람이 모이는 법이다.
일찍이 공자는 목숨과 바꿀 수 있는 친구를 쟁우, 목숨을 버릴 수 있는 신하를 쟁신이라 하여 신하는 쟁우 1명 황제는 쟁신7명은 최소한 가져야 하며 아비에게는 쟁자(諍子)가 있어야 한다고 했다.
사마천 역시 그의 저서 사기(史記)에서 선비는 자신을 알아주는 사람을 위해 목숨을 바치고 여인은 사랑하는 사람을 위하여 얼굴을 고친다고 했다.(士爲知己者死 女爲悅己者容)

자신의 능력을 알아줌에 남자가 목숨을, 여자가 정조를 거니 인간세상 더 보탤 것이 없는 절정의 답례품을 이야기하고 있지만 먼저 알아주고 인정해 주는 것이 더불어 살아가야 하는 세상의 원천 도리라는 것을 극명하게 강조 하고 있다. 인생을 일방적으로 살지 말라는 경고성(警告聲) 이다.

세상사 제일 어려운 게 인간관계라 이의 어려움을 말해주는 불가근 불가원(不可近 不可遠)이라는 경구도 있다.
전깃줄에 앉는 참새들이 너무 가까우면 날개를 다치듯 사람 사이도 너무 가까우면 마음에 상처를 입고 인연이 마음에 안 든다고 무 자르듯 쾌도 하면 언젠가 적이 되어 다가올 수도 있다는 말이다.
현대그룹 정주영 회장이 즐겨 인용하곤 했지만, 범인들로서는 도

(道)에 가까운 원론적 이야기다.

여하튼 인간관계의 첫째 명제는 선택과 집중이다. 부딪치고 있는 인연 모두를 관계할 수 없으니 스승으로 멘토로 친구로 업무 등으로 이을 것인지 폭과 깊이 선택을 해야 함에 이는 전적으로 자신의 수준이고 책임이다. 상대를 인정하고 정성으로 다가가고 감동을 주어야 한다. 불구경 자세로서는 마음을 얻을 수 없다.

제갈량이 유비한테 그냥 간 게 아니다. 각 분야의 정점에 있는 리더들의 공통점은 대범과 섬세함을 겸비하고 남에게 감동을 주는 능력이 탁월하다고 한다.

사람 관계 두 번째 명제로는 마음이든 물질이든 기브앤 테이크이다. 계산 좋아하는 서양 사람들 아니더라도 혼자 사는 세상이 아닌지라 누구와도 주거나 받거니를 해야 한다. 먼저 주고 뒤에 받는 게 예의염치인데 우리 같은 속인들은 먼저 주면 못 받을까 봐 먼저 받고 나중을 생각한다. 그러나 진짜 장사꾼은 먼저 주고 나중에 받는다고 한다. 손해도 예상되지만 이익이 붙어서 돌아온다는 세상의 이치를 이미 계산하고 있음이다.

부모와 자식 간 사랑도, 종교의 자선도 관계와 의무에 대한 대가일 수도(단 어머니의 자식 사랑은 빼고 싶다), 천당극락에 가기 위한 팩트 쌓기일 수도 있다. 쥐덫 위에 치즈도 주검으로 갚기에 엄밀한 의미에서 공짜가 아니다. 점심 한 끼 먹어도 마음이 약해지는 게 사람인데 공무원 정치인한테 돈 준 게 대가성이 있는지 없는지 철저히 수사 하겠다는 당국의 정신 나간 소리를 들을 때는 기가 막힌다.
세상에는 공짜는 없다. 이 사람들아!

　세 번째는 끝없는 관리 노력이다.
공부는 혼자 하는 것이라 농땡이가 통한다. 밤샘이 벼락치기 시험도 보고 졸리면 책 펼쳐놓고 그 위에 엎어져 자기도 하는데 인간관계는 이렇게 하지를 못한다. 선악을 같이 가지고 태어나고 변덕이 죽 끓듯 하는 게 사람인지라 잠시 한눈팔면 울타리 밖의 행인이 될 수도 있다. 끊임없이 관리해야 하는 이유다.

　인간관계 통로에서 거래되는 능력의 평가 요소와 우선순위도 시대의 변천에 따라 많이 달라지고 있다.
담당 분야의 지식과 업무처리 능력은 기본이고 법률, 금융, 첨단기술 분야 등 보다 세분화된 실력을 높이 사는 것은 당연하며 조직을 살리고 죽이고 하는 리더의 덕목으로서는 통찰, 결단, 사람을 알아보는 혜안, 경청과 소통능력이 강조되고 있다. 그런데 여기에 학연, 지연, 혈연, 사연(社緣), 종연(宗緣) 등이 복합된 배경(背景: Back Ground)인맥이 실력을 우습게 알면서 돈과 권력에 작용하고 있어 이게 정말 큰 사회문제가 되어 있다.
　그러나 이 모든 요소를 무색하게 하는 절대 고수가 있으니 바로 인성(人性)이다. 아무리 탁월한 능력을 갖췄더라도 인간이 먼저 되라는 옛말 그대로이다. 화합, 배려와 베품의 가치를 모르는 인격 파탄자라면 사람 그릇에 밥을 먹고 있다고 할 수 없다. 개인도 정치인도 누구도 예외일 수 없다.

　능력 평가 대상의 우선순위도 산업과 직업의 사회적 비중에 따라 달라진다. 농업이 생산 가치의 주류이고 외국과의 거래가 거의 없었던 농경 시대에는 사농공상(士農工商)의 순서로 사회 구조가 형성되었으나 경제가 주축인 시장 경제하에서는 상공농사(商工農士)로 역전되고 있다. 장관 누구누구냐 보다는 첨단기술 개발자가 누구인가 어느 기업에 총수가 누구인지에 더 관심을 가지고 문화 체육을 포함한 사회 전 분야의 일인자, 장인, 달인, 스타에 열광하면서 더욱 전문화된 능력을 선호하고 있다.

　벼슬과 선비로 불리는 공직자(士)의 자리가 다스림의 맨 앞줄에서 봉사하는 맨 뒷줄로 자리를 옮기고 전문인, 기업인이 우선 존중받을 때 우리 사회는 발전하고 건강해 질것이다.
한 가지 걱정은 유사 이래 처음으로 가난에서 벗어나 세계 10위권 경제 강국으로 어깨 힘 조금 주고 밥 먹고 사는데 우수한 인재들이 법대 의대에 공무원직업으로 다시 몰리고 있어 국력 쇠퇴의 조짐이 나타나고 있음이다.
　위로는 알아주는 사람 있고 아래로는 따라주는 사람이 좀 있다면 더할 나위 없이 즐거운 삶이지만 이 또한 매끄럽게 잘 안되는 게 현실이다. 목숨을 주고받는 뜨거운 거래는 아니더라도 따뜻한 안부전화 한 통이 더 반가운 코로나 장기간 집 콕이다.

인간관계의 진수를 묻고 있는 함석헌의 명시(名詩)

"그대 그런 사람을 가졌는가? 의 첫 구절이 항상 마음을 저미게 한다.
"만릿길 나서는 길 처자를 내맡기며 맘 놓고 갈만한 사람 그 사람을 그대는 가졌는가?"
그 사람을 가졌다면 진정 성공한 인생이 틀림없겠으나 인간 세상은 가지는 그대보다 먼저 되어주는 그 사람을 더 필요로 하고 있다.
그 사람이 되어 주어야 그 사람을 가질 자격도 있다는 말이다.
신이 있어 한 사람을 굳이 선택할 일이 생기면 이 세상, 저세상에 두루 쓸 수 있는 그 사람을 그대보다 좋아할 것 같다.

재주 있어 대련(對聯)으로 시 한 수를 더 짓는다면 제목은 다음과 같이 하고 싶다.

"그대는 그 사람이 되어주고 있는가?"

생일 그 즐김과
다짐 (外樂內作)

"엄마, 할아버지 내 생일 기억하실까?"

생일을 며칠 앞둔 초등학교 손자 놈이 눈 비비고 나오면서 아침 식탁을 웃겼다고 한다. 책값 조금 주는 것을 밤새 생각했던 모양이다. "할아버지 제 생일 안 잊으셨죠?" 이렇게 맹랑하게 전화를 했으면 평범한 가문에 인물 났다고 봉투가 좀 두꺼워질 것인데 아직 어려 할애비 마음을 모르고 있다.

생일의 의미를 생각해 본다.
사람들은 왜 생일을 챙기고 챙겨줄까? 종교적으로 전생의 부활인지 윤회인지는 몰라도 본인의 의사와는 관계없이 이 세상에 태어난다. 유아 사망률이 높던 원시 시절부터 홍역등 전염병에서 잘 살아남았구나 안도의 기념으로 또 앞으로 잘 견디라고 바램을 넣어 날짜를 꼽다

보니 어릴 때부터 결코 잊지 않는다는 생일이 된 것 같다. 병치레가 지나가고 성인이 되어서는 사회의 일원으로 살아가고 있음을 못 먹고 못 살 때의 염원인지 음식 위주로 즐기면서 하루를 보낸다. 그리고는 업(業)에 매달려서 어영부영하다가 다음 생일을 맞는 게 우리들 보통 사람들이다.

한국인의 평균 수명이 근래에 많이 늘어 82세쯤 된다고 하니 살아 있는 날이 지각없는 어린날을 다 포함해서 대충 3만일 정도 된다. 자연의 나이에 비하면 순간에 불과하지만 그래도 세계에서 상위권이라 근래의 조상을 잘 둔 것인지 모르겠다.

여하튼 사는 동안 자기의 날은 며칠이나 될까? 자축을 하고 주위로부터 축하를 받는 날은 입학, 졸업, 결혼, 취직, 승진 등 좋은 날도 많지만 반대로 위로받는 날도 이쯤 되니 서로 상쇄하면 생일 하루뿐인 것 같다.

1/365이다. 평생 30,000여 일에 자신의 날이 80일 정도밖에 안 된다니 아무리 사는 게 바빠 여유가 없다고 해도 이건 너무 적다. 목적 없이 태어나고 빈손으로 돌아갈 인생이지만 그동안 무엇을 어떻게 하고 살아갈 것인가를 생각하고 다짐하는 자신의 날을 더 만들었으면 좋겠다. 자신이 태어난 주(週)를 생주(生週)로 하여 자기 발전의 작심 주간으로 하자.

누구한테 알리거나 의논이나 승낙 받을 필요도 없다. 혼자 결정하고 실천하면 된다. 살아 있음을 자축하고 주위로부터 축하를 받는 날은 지금같이 하루만 하되(길게 하면 낭비와 민폐) 나머지는 자기 계발의 주간으로 하는 것이다.

형식이 내용을 지배한다고 하니 자기 체면에 시너지 효과도 상당할 것이다. 삶의 질이 7배는 안 되겠지만 최소한 작심 3일이 작심 7일은 버틸 것 아닌가. 그 주간의 활용과 시간 안배는 각자의 형편대로 하면 될 것이다. 자축과 즐김은 기본이고 앞날을 생각하고 다짐하는 구상 시간과 인생에서 가장 중요한 인간관계 점검 체크는 꼭 들어가야 하겠다.

요즘 젊은이 늙은이 구분 없이 이구동성 즐겁게 살자는 것이다. 정치 난국에 코로나까지 겹쳐 앞날을 생각 없이 우선 즐기고 보자는 풍조도 섞여 있지만 한 번뿐인 인생 소풍 의미 있게 보내자는 자각 변화 트랜드가 더 많이 감지된다. 세상 좋아져 카톡으로 선물 주고받고 비싼 식당에서 카드 끄집어내고 여행 가서 좋은 방에 잠도 잔다. 세상에 나왔다고 이렇게 생일을 즐기는 것은 마땅한데 여기에 자신을 한번 돌아보는 발전적인 이벤트는 안 보여 아쉽다.

사람들은 혼자 있을 때 생각을 정리하고 결심하는 능력이 최고조로 달한다고 한다. 그래서 큰일을 앞두고는 구상(構想)하기를 좋아한다. 사전적 의미 그대로 앞으로 해 나갈 일의 전체적인 내용이나 규모 순서 과정 등을 이리저리 생각한다는 것이다.

대통령이나 재벌 회장들이 일상에서 잠시 벗어나 진해, 울산, 동경 구상을 한다고 뉴스에 뜬다. 중대 국사나 회사 큰일을 담담히 생각하고 결심한다는 것인데 평범한 사람들에게는 구상이라는 말이 좀 거창하게 들리기도 한다. 조선 문학의 진수들인 사미인곡, 오우가, 목민심서, 세한도 등이 모두 유배지에서 탄생한 것이나 빌 게이츠가 1년에 2주일씩을 별도로 정해 혼자 있으면서 자신을 생각하고 사업구상을 한다는 것도 같은 맥락일 것이다.

작심이 3일을 버티지 못한다는 게 속인들이지만 마음을 다잡는 작은 구상이라도 꼭 해야 한다. 그래야 변화가 있다. 변화가 성공과 실패의 동시성이지만 변화가 없으면 발전이 없는 게 세상 이치이다.

사람이 살아가는 데 가장 중요한 게 인간관계이다. 삶의 폭과 질을 결정짓는다. 사람 관계는 3개월 정도만 뜸해도 소원해진다고 한다. 망각이 작용하고 변덕과 의심이 들어가기 때문일 것이다. 그래서 멀리 있는 친척보다 이웃사촌이라고 만남과 연락을 중요시한다. 멘토든 주식(酒食) 친구든 위난(危難) 친구든 관리가 절대 필요하다.
안부 전화나 카톡은 먼저 해야 한다. 목소리 하나만으로도 그 사람의 몸과 마음의 컨디션을 알 수 있다.

인간관계는 따듯한 감정이 흘려야 식지 않는 법이니 오늘은 김 씨 내일은 이 씨 식으로 가나다순으로 자존심 빼고 연락해 보는 방법도 좋겠다. 어차피 한바탕 봄꿈인 이 세상 높이 올라가고 많이 가진다고 꼭 성공한 인생은 아니다. 인간답게 살려는 그 노력의 과정이 아름다운 것이다. 평생을 즐겁게 살려면 욕심 많다고 신(神)이 노(怒)할 것이고 즐김과 다짐의 조화는 자신의 몫이니 생일 주간 활용을 강추하고 싶다.

재벌 회장 운구행렬이 나가는 삼성병원 영안실 입구 나뭇가지에 참새들이 짹짹거린다. 이 순간만은 참새 한 마리가 절대 우위다.

이게 인생이다.

윤동한 역사경영 에세이
"조선을 지켜낸 어머니"를 읽고

세상에서 가장 숭고하고 아름다운 말은?
　사랑, 희생, 행복, 봉사....가 아니라 "어머니"라고 한다.
이들 좋은 말들이 모두 녹아있는 원천이고 인내 헌신 지극 정성의 화신이기 때문이다.
자식과는 거래를 하지 않는다.
폭격과 지진에 자신을 덮쳐 자식을 보호하는 사람은 세상에서 어머니 밖에 없다.

　동서고금 최고의 어머니로 징기스칸의 어머니 '호엘룬'을 꼽는다. 부족장이었던 남편과 사별 후 몰락한 유목민의 일원으로 가난과 질시, 냉대 속에서도 지혜로움을 다해 강인하고 용기와 결단의 자식을 키우니 불세출의 영웅 징기스칸이다.

　우리는 율곡, 한석봉, 안중근 의사의 어머니들을 훌륭한 어머니상으로 알고 왔는데 이번에 한국콜마 윤동한 회장이 이순신 장군의 어머니 초계 변씨를 "조선을 지켜낸 어머니"란 제목으로 책을 내었다.(가디언출판사. 16,000원)

초계 변씨

난중일기에서 100여 번이나 언급되는 충무공의 어머니라 평범한 여자는 아니라는 정도만 알고 있었는데 위인 뒤에는 꼭 위대한 어머니가 있다는 말을 실감 나게 하는 정말 대단한 여인이고 어머니이구나.
　무인가문에서 시집을 오니 집안 형편이 양반 체면 유지도 힘들 만큼 말이 아니다. 거기다가 조부의 행적과 관련 자식들의 벼슬길도 지장을 받고 있다. 기울어진 가세를 일으키고 자식들의 앞날을 위해 친정

집이 있는 아산으로 이사를 한다. 출가외인을 강조하는 유교 사회에서 쉽지 않은 당찬 선택이다.

이후 영의정 이준경의 중매로 토호세력인 상주 방 씨를 며느리로 맞이하여 가세와 인맥을 튼튼히 하고 충무공이 무과에 급제하자 기념으로 재산을 문서로 분명히 작성하여 자식들에게 나누어 주며(별급문기 p111) 계속 이동하는 장군의 승진과 뒷바라지를 위해 노구를 이끌고 여수로 또 이사를 한다.

아들이 모함으로 파직당했다는 소식에 정신이 가물거리는 83세 노인이 관을 짜 배에 싣고 상경하다가 생을 마감한다.

이 모든 과정이 대나무가 매듭을 만들어 가면서 성장하고 강해지듯 주요 순간마다 삶의 맥을 짚어가는 결단력이 진정 여장부에다 비범함의 연속이다. 마치 무림에 중후한 절대 고수 여인을 만나는 느낌이다.

1594년 1/12일 난중일기이다.(p163)
아침 식사를 한 뒤에 어머니께 돌아가겠다고 인사를 고하니, "잘 가거라. 부디 나라의 치욕을 크게 씻어야 한다."고 두 번 세 번 타이르시며, 떠나는 것을 싫어하며 탄식하지 않으셨다.

자식을 위해서라면 언제든 목숨을 버릴 수 있는 어머니의 입에서 생명이 왔다 갔다 하는 전쟁터로 나가는 아들에게 자식 사랑, 몸조심 당부는 안 하고 직분에 대한 소명 강조로 나라 걱정을 먼저 하다니 가히 일문(一門)의 여인이 아니라 한 나라의 어머니이다.
자신이 살아온 가치관 그대로를 우국충정으로 점철된 아들에게 마지막 미션으로 주신 것 같다.

남자는 자기를 알아주는 사람을 위해 목숨을 바친다고 했다. 이순신 장군의 사즉생(死卽生)의 좌우명은 자기를 알아주는 유성룡, 이원익등 큰 신하들과 서로를 알아주고 따라주는 수많은 부하와 백성들이 있었기에 당연시할 수도 있지만 이보다 앞서 어머니 초계 변 씨의 자식에 대한 평생 지지와 믿음에서 비롯된 것임을 알 수 있다.

또한 장군의 트레이드마크인 솔선수범의 리더십과 열악한 병참에도 전장(戰場)마다 승리로 이끄는 효율 극대화의 경제적 마인드도 가사(家事)와 가문(家門)을 다잡는 초계 변 씨의 인품과 능력의 전수품(傳授品) 품인 것이 분명함에 한 어머니의 슬기로움이 자식을 위대한 영웅으로 만들고 조선을 지켜 내었구나.

가정이나 학교, 사회 어디서고 바람직한 국가관을 담은 인성교육이 사라지고 대립과 갈등으로 허우적거리는 이 혼돈의 시대에 이런 여인 한사람 염원으로 기다려지고 나라사랑에 목숨을 걸었던 이들 모자에게 우리의 갈 길을 묻고 싶다.

여자는 이름조차 나오지 않는 남성우위의 족보 사회이었음에 초계 변 씨의 자료와 흔적이 극히 제한적일 것인데 바쁜 회사 일정에도 3년여 전국을 찾아다니며 조선을 지켜낸 우리역사 최고의 어머니를 논픽션으로 모시고 나온 필자의 열정과

그리고 서울 여해재단 및 부설 이순신 학교 운영에 이어 충무공 정신을 학문적으로 계승, 발전시키기 위해 올해 국내 처음으로 카톨릭 대학교에 이순신 학과를 신설 성사시키고 주임교수를 맡는 등 이루어 가진 자의 사회적 책임을 지혜롭게 다하고 있는 모습에 박수를 보낸다.

2022. 3. 14 저녁

햇빛을 보고 싶었던
고시비 (古詩碑) 하나

연전 중부지방 단풍의 끝자락에 충북 괴산에 있는 화양동 구곡에 다녀왔다.
  집을 나설 때 늦가을 새벽 찬비가 조금 걱정되었는데 구곡 입구에 도착하니 군데군데 새빨간 단풍잎과 느티나무 붉갈색 낙엽들이 햇빛을 받으면서 원행을 반겨준다.
만추라는 글씨 냄새가 그대로 묻어나는 택일이다.

  화양동 계곡은 물과 바위가 어우러진 풍광이 빼어나 금강산 남쪽의 소금강으로 불린다. 이곳에 은거하며 후학을 가르치던 조선 중기의 유학자 우암 송시열이 중국의 무이구곡을 닮았다 하여 1곡부터 9곡까지 골짜기마다 이름을 붙이니 화양구곡이다. 지금은 속리산 국립공원 일부가 되어 있다.

구름의 그림자가 냇물에 맑게 비친다는 2곡 운영담을 지나 효종의 승하를 슬퍼하여 송시열이 새벽마다 울었다는 3곡 읍궁암(泣弓巖)에 도착하니 옛날에 없었던 일자 비석 4개가 다소곳이 서 있다.
그중 각자 상태가 좋은 비문을 읽어 보는데 글자 한자 한자가 생소 하지가 않다.
차일지하일(此日知何日)....

순간 아 이게 바로 그 비석이구나!

반갑다.
우선 사진부터 찍는다.
삼십 몇 년 만의 해후다. 그때는 한쪽 모서리만 보여 주었는데 오늘은 제자리를 다시 찾아 전신이다. 혼자서 땅속에 오래 있어 갑갑했겠지만 대신 풍상을 덜 받아 비석 4개 중 글씨부터가 제일 선명하다 쓰다듬고 인사 하면서 그때를 생각한다.

1985년 늦여름 부서 직원들과 단합대회 한다고 화양구곡에 갔다. 아침에 일찍 깨길래 돌멩이나 하나 주우려고(그때는 수석 하는 게 유행이라) 강변으로 나가 물 빠진 자갈밭에서 이리 보고 저리 던지기를 반복하는데 돌 하나가 꿈적을 안 한다.
모래를 긁어내니 화강석 상단에 글씨 몇 자가 겨우 보인다.
此日知 ---- 上帝 ---- 이다.
이런 골짜기 돌멩이에 임금님 제(帝)자가 들어가 있다니 예사롭지

▲ 비석 4개중 3개는 풍화작용이 심하여 글씨를 알아보기 힘드나 장기간 땅속에 있었던 이 비석은 글씨가 선명하다.

▲ 종친회에서 보낸 엽서

59

않다. 상류에서 떠내려 온 비석 같아 보이는데 검은 돌도 아니고 갓도 없고 글씨로 보아 무덤에 세우는 비석 같지는 않다.
거의 수직으로 파묻혀 있어 장비가 없으면 파 볼 수도 없다.

다음에 와서 동네 주민들한테 알리고 주인을 찾아줄 요량으로 큰 돌 몇 개로 표시를 해둔다. 숙소로 와서 비석 비슷한 것을 보았다고 직원들한테 이야기 하니 아무도 관심이 없다.

며칠 뒤 上帝라는 글자가 자꾸 마음에 걸려 고고학에 일가견이 있는 신문사 지인한테 자초지종을 이야기 하니 화양구곡 이면 효종과 송시열이 관련된 석물인 것 같다고 한다. 다시 한 번은 가야 되겠는데 시간이 나지 않아 동네 이장한테나 연락할까 차일피일하고 있던 차에 직장동료 두 명과 점심을 하게 되었다. 우연히 둘 다 송씨다.

갑자기 비석 생각이 나서 오늘 점심 사라 그러면 너거들 조상 비석 하나 찾아 주겠다. 하니 한 친구가 대뜸 우암의 직계 후손이다. 종친회에 즉시 연락하겠단다. 이틀 뒤 사무실로 노인 세 명이 찾아왔다.

명함을 보니 우암 종친회 사람들이다. 인사를 마치더니 다짜고짜 화양구곡에 같이 가자고 한다. 양반 후손들께서 "왜 그리 급하십니까?" 하니 "그 비석은 화양구곡 우암사 당에 있던 비석 4개 중 하나인데 일제 때 대홍수로 유실되어 조상 볼 면목이 없이 지금까지 오매불망 찾고 있다. 하루빨리 찾는 게 후손 된 도리다 거기다가 장마철이니 다시 파묻히면 영영 못 찾을 수도 있다." 제발 당장 같이 가 달란다. 근무 중이라 갈 수 없어 우선 약도와 표시내용을 주면서 직접 못 찾으면 주말에 가 주겠다고 도리어 이쪽에서 사정해서 보낸 적이 있다.
옆에서 보고 있던 직원들 왈 "비석 한 개가 그렇게 중요한 것입니까?" 이해가 안 간단다.

그 다음 날 오후에 바로 전화가 왔다. 드디어 찾았습니다. 큰 사건 하나를 해결한 듯한 흥분된 목소리다. 돼지라도 잡을 테니 꼭 한번 오란다. 며칠 뒤 고맙다는 엽서도 왔다. 지금도 보관하고 있는데 뼈대 있는 양반집안 냄새가 물씬 난다.

후일 진품명품 김선원 감정 위원한테 우암 비석 찾은 이야기를 하니 "종친회에서 그 후 다른 연락은 없었습니까?
일제 때 홍수로 유실 되었으면 최소 오십년 이상은 땅속에 있던 비석이네요. 세상 밖으로 나오게 했으면 그 비석 옆에다가 경주 이씨 아무개가 다시 찾았다는 팻말이라도 하나 세워 주는 게 저쪽의 예의일 수도 있습니다."

"아닙니다. 문화재 보호에 티끌만큼은 기여했다고 친구들한테 웃으면서 이야기할 수 있는 게 저는 좋습니다."
야유회를 화양구곡으로 간 것이나 희붐한 새벽에 하필 그 장소에 돌멩이 주우려고 간 것이나 장마철 냇물에 잠시 삐죽이 모퉁이를 내밀어 글자 몇 자를 보여준 것 송씨 성을 가진 동료들과 점심을 먹게 된 것 등 우연의 고리가 하나라도 빠졌더라면 읍궁암이 유래된 우암의 시가 적힌 바로 그 비석은 다시는 우리 곁에 오지 못했을 것이다.

 어느 종교시설에 가든 집주인에 대한 인사 정도는 하는 무신론자이지만 햇빛을 보게 해달라고 오랫동안 세상을 향한 땅속 비석의 기도가 있었기에 현실이 되었는지 시공을 초월하는 그 무엇이 있음을 생각해 본다.

(20자 비석 전문을 전문가 해석을 받으니 북벌 정책에 뜻을 같이하던 효종의 기일에 꿇어앉아 통곡했다는 우암 송시열의 오언절구 시(詩)로서 바로 화양구곡 제3곡인 읍궁암의 유래 내용이다.)

주인과 길가는 사람

추석을 며칠 앞두고 잠에서 깨어난 아내가 뜬금없이 하는 말이
 "날짜 없는 세상에 살고 싶다. 해 뜨면 아침 먹고 밭에 나가 일하고 해지면 잠자는 그런 세상"이란다.
그런데 조금 있다가는 "그러면 너무 심심할 것 같아"
달력에 가족생일, 제삿날, 모임 약속 등을 열심히 동그라미 치더니 마는 마음과 몸이 옛날 같지 않은 모양이다.

 차례상 준비가 궁금해 장을 보았는지 묻는다.
"대충 다 보았는데 어, 어....... .... 도사리는 물이 안 좋아 못 샀다"고 한다. 도사리? 도사리?
아 도라지.. 고사리를 안 샀단 말이지?
ㅎ ㅎ 모처럼 마주보고 웃는다.

두 단어가 빨리 생각이 안나 합성어를 만드는 사람이나 이를 알아듣는 쪽이나 나이를 먹었다는 반증 현상이고 살아온 경험치의 만남이다.
벽에 걸린 그림속의 포도송이를 본다.
예나 지금이나 같다.
"가만히 있는 그림보다 움직이는 사람은 빨리 늙어 가는구나!"
아침식탁에 앉아 범인(凡人)다운 작은 득도(得道)를 하나 해본다.

　시간이 모여 세월이 되고 이게 나이와 동행하니 산다는 게 덧없다고 모두가 입을 모은다. 동양에서는 인생은 한바탕의 봄꿈이나 문틈으로 흰 망아지가 지나가는 찰나에 비유도 하며 서양에서는 알렉산더 대왕이 신하들로부터 최고의 보물로 받았다는 "이 또한 지나가리니"(This, too, shall pass away)라는 글귀로 강조하기도 한다.

　세상의 모든 것은 시간을 이길 수 없다.

　시간은 인간에게 주어진 절대공평이요. 절대 규제이다.
모두가 똑같이 가지고 있으니 소중한지를 잘 몰라 마구 쓰고 있고 절대 규제이니 대다수 사람들은 그저 따라 갈 뿐이다.
자신이 주인이고 시간이 관리인이라는 사실을 잊은 채 시간에 쫓기고 있다. 주인이 가만히 있으니 정원사가 마음대로 꽃나무를 선정하고 키워 정원사의 정원으로 만드는 격이다.
불에 화상(火傷)을 입듯 시간에 시달리면 시상(時傷)을 입는다.

인생이 딱딱하고 피곤해 진다.
이때는 남이 도와줄 수 없다. 시간을 관리하든지 시간에 관리를 당하든지 오직 자신만이 풀 수 있는 숙제이다.

시간과 더불어 사람이 자유로울 수 없는 게 희로애락(喜怒哀樂)의 감정이다. 이는 인간의 존재형식 그 자체라 누구도 초월할 수 없고 인공지능이 아무리 발달해도 따라 올 수 없는 정신적 영역이다.

인생은 기쁨과 노여움과 슬픔과 즐거움이 뒤 섞여 있는 구슬상자 같다고 하겠다. 기분 좋은 기쁨과 즐거움의 구슬만 주어 담고 싶어도 불쑥 노여움, 슬픔의 구슬이 따라 나온다.
갑부가 명품점에 가서 사든 촌부가 5일장 좌판에서 사든 내용물은 똑같이 희, 로, 애, 락 4개가 세트로 밀봉되어 있다. 마트에 과일 사듯 골라 담을 수가 없다. 권력, 돈, 빽도 통하지 않는다.

중용(中庸)에 이런 내용이 있다.
중(中)은 희로애락의 감정이 일어나기 전으로 기울림도, 지나침도 부족함도 없는 세상의 기본이고 화(和)는 감정이 일어나면서도 절도 있게 줄기가 잘 뻗어나가 도달하는 것이니 중화(中和)가 될 때 세상은 질서가 서고 발전한다고 했다. 결국 희로애락의 감정을 조절하고 절제하는 능력이 개인과 세상을 좌우한다는 이야기이다.
그러나 많은 것을 탐하고 가지고 싶어 하는 속세의 인간들로서는 이러한 능력을 가지기 힘드니.

항상 근심, 걱정이 앞서고 기쁨과 즐거움이 부족하다.
여기에 빌림의 지혜가 요구된다.
명승고적이 자기 소유가 아닌데도 구경하고 즐기며 시골집 창문으로 남의 산, 들 풍경을 보고 있는 게 차경(借景)의 지혜이다.

"잠에서 들깬 세살 어린 손자 놈이 엄마 품에 안겨 가슴에 얼굴을 묻고는 가만히 있다가 따뜻한 심장 울림에 눈을 뜨고 씩 웃으며 쳐다 볼 때 세상에 저런 행복감을 어디서 찾을 것인가?"
"초원에 턱하니 앉아 지평선을 일견(一見)해보는 사자의 당당함과 여유로움을 또 어디에 견줄 수 있을까?"
어린놈의 우유냄새 행복감이나 적이 없는 사자의 여유로움은 모두 그들의 몫이지만 우리는 이를 동감하면서 같이 즐길 수 있다.

더 가지고 싶어 하는 기쁨과 즐거움을 마음으로 빌려오자.
차희(借喜), 차락(借樂) 한 만큼 남에게 대희(貸喜), 대락(貸樂) 하여 빚을 갚으면 된다.

물질적인 것은 너무 당연하지만 마음으로 빌린 것도 마음으로 그만큼 갚아야 평상심을 가질 수 있음이다.
제갈량은 아들에게 보낸 편지 계자서(誡子書)에서 "마음이 담박하지 못하면 큰 뜻을 품을 수 없고 평온하지 않으면 이룰 수 없다."고 했다.
마음의 평상심이 세상을 사는 진리요 지혜라는 것이다.
시간과 희로애락의 감정관리 여하에 따라 인생의 주인공이 되기도

하고 길가는 사람이 될 수 도 있다. 선택은 오로지 자신의 몫이다.

〈 시간관리의 형태 〉

구 분	형 태
시간을 리드하는 사람	• 일이 취미이다. • 오늘의 일을 내일로 미루지 않는다. • 시간을 관리하니 항상 여유가 있다. • 매사에 주인이다. • 변화를 선지(先知)한다.
시간에 쫓기는 사람	• 항사 일에 파 묻혀 산다. • 일이 생계 수단이다. • 게으르니 평생 "을" 이다. • 경쟁에서 이기는 경우가 별로 없다. • 항상 허둥대니 피곤하다.

BB와 독구

이집트 룩소르 신전 앞
 손에 싸구려 기념품을 들곤 원달러 원달러를 외쳐대는 어린 애들이 관광버스를 에워싼다. 아침에 학교는 안 가는지 남루한 차림 들이다.

 4천년전 수많은 목숨과 노역으로 세워진 절대왕조의 거대한 신전이 세계문화 유산으로 등재되어 지금의 후손들이 밥 먹는 관광지가 되어 있으니 역사의 아이러니이다.

 그런데 절대다수의 백성들은 인류 문명의 발상지니 고대 이집트의 영광이라는 표현이 무색할 정도로 그때나 지금이나 힘들게 살고 있으니 이건 또 역사의 되풀이이다. 조상을 잘 둔 것인지 잘 못 둔 것인지 심히 헷갈린다.

머슴애들에 밀리고 있는 8~9세쯤 되어 보이는 여자 애한테 10달러를 주고 책갈피를 몇 개 샀다. 이놈이 악수를 청한다. 소리 없이 서있는 자기 물건을 사 주어서 고맙다는 의사 표시다. 연신 웃으면서 무슨 말을 지껄이는데 새까만 눈망울이 초롱초롱 영혼이 맑은 순수 그대로이다. 원 달러를 외치다가 열 몫을 했으니 그날 장사는 다했다고 생각했는지 떠나는 버스에 계속 눈을 맞추고 손을 흔든다. 소품에 그 천진난만한 웃음을 덤으로 받은 것 같아 종일 여정이 즐겁다.

　숙소 잠자리에서 엉뚱한 생각을 해 본다. 오늘 그 애를 서울로 데리고 가 공부를 시켜주면 어떨까? 학교도 못가고 원 달러를 외치는 형편이면 부모가 승낙을 할 것도 같다. 아이는 좋아할까? 바로 고개가 저어진다.
가족들과 히히 거리고 친구들과 재잘 거리는 그 무리속의 즐거움이 이역만리 떨어져 공부 좀 하고 먹는 것 입는 것이 조금 나아진다고 보상이 될까 그 애한테는 상상도 못할 끔찍한 사건이 될 것 이다.

　진정한 행복은 무리 속에 있는 것 같다.
모든 동식물은 무리 지어 사는 것을 좋아한다. 사자무리 들소 떼 나무들의 군락지등 씨를 퍼뜨리는 일정 영역이다. 사람 역시 태어나면서 구성원이 되니 마을 집성촌 세거지가 형성되고 서로 간 협력과 경쟁을 통해서 무리를 키우고 지키는 의무를 가진다.
또한 기쁨과 슬픔을 같이하니 사람 사는 운명 공동체이다.
소녀의 맑은 영혼 속에 무리의 보호와 동행의 즐거움이 들어 있다고 생각하니 생뚱맞게도 한때 세상을 홀리던 프랑스의 육체파 여배우 브리짓 바르도(BB)가 악연으로 오버랩 된다.
한마디로 웃기는 여자다. 완전 자기 지적 수순을 노출한다.

　88올림픽을 앞두고 우리보고 개고기 먹는 야만인이라며 올림픽 보이콧에 한국 상품 불매 운동 운운하던 여자다.
비비의 주장이 프랑스 국민의 일부의 의견에 불과 하겠지만 한국에서 개고기 먹는 사람도 극히 소수이다. 설령 우리 국민이 다 먹는다고 해도 그것은 우리의 생활 역사가 녹아있는 전통 음식문화이다. 여기에 올림픽 보이콧이니 상품불매 운동을 한다는 것은 넌센스다.

　더군다나 동물보호 운동을 한다는 사람이 반 이민, 반 이슬람 인종차별 망언으로 법정에까지 섰다고 하니 더욱 가관이다.

　사람은 막고 차별하고 동물은 권익 보호한다고? 후진국 사람위에 선진국 개가 있다는 이야기이다. 키우는 개가 화장품 냄새 찌든 비비의 침대를 좋아할까? 아니면 종족무리에서 주둥이 비비고 뜀박질 하는걸 좋아할까 답은 뻔하다. 같이 데리고 산다고 그게 동물 보호가 아니다. 개는 지가 평생 사람하고 동격이라고 생각하고는 견생(犬生)을 보낼 것이다.

　우리를 욕할 때 "당신의 피에는 개피가 좀 섞여 있는 모양이다"라고 반박을 했으면 좋았을 것인데 좀 아쉽다.

자기가 키우는 개 사육비가 굶주린 아프리카 어린이 수백명을 살릴 수 있다는 것을 아는지 모르는지 속세의 때가 너무 묻어 영혼이 혼탁한 사람임이 분명하다.
여행 좀 많이 해서 세상 넓은 줄 알았으면 좋겠는데 2014년 8월 현재 비비의 나이가 80세라고 하니 여행사에서도 꺼리는 불혹의 나이 두 배다. 이제는 나이 먹는 거나 개고기 먹는 거나 먹는 것은 마찬가지인 세상진리를 좀 알고 있는지 모르겠다.

어릴 적 시골에 살 때 독구(dog)가 무슨 뜻인지 몰라 개 이름은 모두 독구 인줄 알았다.
비비가 키우는 개도 이름이 독구인지 궁금하다. ㅎㅎ

갈치 가운데 토막

**원님 덕에 나팔 분다고 친구가 제주도 갈치를 보내와
모처럼 포식을 한다.**

  6지(指)란다. 보통크기가 손가락 네 개의 넓이 정도인 4지라 하니 손가락 6개의 넓이다. 보기 드문 특대이다.
요즘 비싼 갈치라 한 번 더 쳐다보고 젓가락 질 한다.
시골 국민학교 가을 운동회 날 아침에 우리 장남 1등 하라고 어머니가 고추기름장 발라 석쇠에 구워주던 노릇노릇 가운데 토막 갈치가 생각난다.

  그 이후 줄곧 가운데 토막을 아무 생각 없이 먹어 왔는데 언제부터인가 변화가 감지된다. 갈치는 사오는데 중간 토막이 잘 안보여서 물으니 와이프 왈 "손주들 오면 줄려고 재껴(쟁여) 놓았다"한다.

초원의 포식자들이 잡은 사냥감은 서열 순서로 맛있는 부위부터 먹는다고 한다. 찬물에도 순서가 있다는 인간세상의 질서도 이와 똑같으니 가운데 토막은 힘의 상징이고 강자나 중요한 사람의 몫이다.

자기 논에 물 들어가는 것 하고 자식 입에 밥 들어 갈 때가 제일 기분 좋다는 옛 말이 떠오르면서 두불 새끼 이야기라 허허 웃다가 번식 기능에 영역지킴이 역할이 끝나면 쫓겨난다는 숫사자 생각이 묘하게 스쳐 지나간다.

생선을 먹을 때면 예전 부산 직장에서 서울 부잣집에 고기를 사 보내던 일이 생각난다. 시장 보는 기준이 있어 담당자가 바뀔 때도 꼭 인계 되곤 했는데 부산, 마산, 진해 앞바다에서 잡힌 것으로 사되 참돔은 어른 손바닥 보다 조금 더 크고 인물 좋은 놈으로 전복은 중간 크기에 건드려 보면 빨리 움츠려 드는 놈에 겨울철 제일로 치는 대구는 몸값의 절반이상을 차지하는 맛있는 부위인 곤이, 알, 아가미를 잘 살필 것. 눈 상태등 선도 확인 방법에 무게로 파는 전복은 쟁반 무게도 (요즘은 플라스틱 바구니로 다 바뀌었으나 여전히 무거운 바구니로 저울치기 하는 곳이 있다고 함) 꼭 체크 할 것 등 경우의 수가 다 나열 되어 있다. 같은 고기도 크기, 부위마다 특히 지역에 따라 맛이 완연히 다르다는 것을 일찍이 배운 셈이다.

그때는 양식(養殖)이 없고 자연산 생선만 있을 때라 돈만 있으면 좋은 물건 사기가 어렵지 않았다. 요즘은 온난화에 따른 해수온도 상승 등으로 국산 명태는 보기 힘들고 울릉도 오징어는 서해에서 놀고 있고 제주도 방어가 속초에서 잡힌다고 한다. 남획과 오염으로 태평양 참치떼가 격감 한다 해도 남의 이야기로 넘겨왔는데 남해안 죽방멸치 잡이 때 부유물 쓰레기를 한나절 치우고 나서야 그물을 끌어 올리는 동영상을 보니 바다 오염의 심각성을 실감 한다.

 훗날 온난화가 심화되어 생태계가 흐트러지고 잡초 같은 야성의 강인함을 가지고 있는 특산물이 사라질 때면 사람들이나 다른 생물들의 지역별 특성도 당연히 변형 될 것이다.
그게 나라 간이나 지역 사회 대립 갈등에 어떻게 작용할지 궁금하고 우리의 생존을 위협하는 단초가 이미 되고 있어 걱정이다.
조선 후기의 실학자 이중환이 택리지에서 팔도사람들의 성질, 기질 등을 언급하고 있는 것이나 땅의 기운을 생활과 연결해서 주장하는 명리풍수도 인간의 삶은 어떤 형태이든 환경과 불가분의 관계에 있음을 말해 주고 있다.

 그래서 우리 몸을 다스리는 먹거리는 자기가 사는 곳에서 나는 것을 먹어야 몸에 좋다는 신토불이(身土不二)가 강조 되고 있다.
몸, 풍토, 식생의 조화로움이 바로 생태계 질서의 시작이요 기준이라는 것이다. 그런데 마음을 다스리는 종교는 신토불이 개념 주장이 보이지 않는다. 괜찮은 자생 종교가 없음도 이유지만 국산은 무엇이든 과시적 욕구에 촌티 난다고 종교도 외국산을 좋아하는 것은 아닌지.
 요즘은 반도체나 K-pop 같은 국산도 세계적인 게 많다. 종토불이(宗土不二)를 외치면서 현재의 과학 수준에 맞는 진화론 종교를 하나

쯤 창교해도 될 것 같으나 역사가 긴 기존의 백인 종교가 너무 강해서 이름 알리기가 쉽지 않을 것 같다.

　세상의 질서를 어지럽히는 현상으로서 생태계 파괴와 오염에 따른 기후 풍토 변화로 생물의 물성이 변질되는 자연적 요인도 있고 상대 종교를 인정치 않는 유일신 주장과 부활등 자연의 섭리를 정면으로 부정하고 있는 종교적 교리도 있지만 무엇보다도 우리의 삶에 딱히 절대적 정답도 안 되는 세뇌된 좌우 이념이 나라 안팎을 투쟁과 전쟁 상태로 몰아넣고 강자는 악이요 약자는 선이라며 하향 평등사회를 선동하는 포퓰리즘 정략(政略)등 인위적 요인이 제일 문제인 것 같다.

　어릴 때부터 누려왔던(?) 갈치 가운데 토막 먹는 게 손주놈들 쪽으로 넘어가는 것이나 갈기 휘날리며 물소 넘어뜨리는 사자의 역동적 먹이사냥이나 다 같이 선악의 개념이 존재하지 않는 세상의 질서 그 자체인 것을 요즘 우리사회가 시끄러우니 더욱 대비 되어 느껴진다.

　사람들은 누구나 강자가 되고 싶어 한다.
본능이다.
그러나 여기에는 사회적 공헌과 영역을 지키는 데에는 목숨까지 걸어야 하는 솔선수범의 원천 책임이 따름을 알아야 하고 또한 이들의 역할을 존중도 인정도 하지 않고 갈등의 대상으로 몰아가는 사회 결코 발전할 수 없음을 위정자들은 항상 유념해야 할 것이다.

〈 인간 사회 질서를 어지럽히는 요인들 〉

구 분	적 요
자연 환경적 요인	• 환경파괴, 오염으로 인간 기후 풍토 변화로 생태계 물성변화(인구폭증 및 자원낭비)
인위적(정치,사회) 환경요인	• 세뇌된 좌우이념 대립 및 박빙의 선거 결과 • 포플리즘 정략(政略) • 약자의 불법을 관용하는 공권력 • 갑을관계를 비즈니스 원리로 보지 않고 선과 악의 이분법 풍토조성 • 상대를 인정 않는 내로남불 풍조
종교적 환경요인	• 종교 경전의 무지 • 자연의 섭리와 배치되는 "부활" "윤회" 교리 • 상대를 인정 않는 유일신 주장

발자국과 이름값

빈손으로 왔다가 빈손으로 가는 인생이라

   호랑이는 죽어서 가죽을 남기고 사람은 죽어서 이름을 남긴다고 하는 모양이다. 인사동 경매 시장에서 호피 한 장에 2백만 정도인데 이름값 하는 화가의 그림 한 점은 수억을 한다.

호피는 품질에 따라 다소의 차이는 있지만 사람의 이름 가치는 족적의 크기에 따라 천양지판 하늘과 땅차이가 아니라 지하에 까지 내려간다. 나라를 구한 영웅과 나라를 말아먹은 매국노 이름값은 비교가 될 수가 없다는 이야기이다.

▲ 내가 남긴 흔적이 뒷사람의 이정표가 된다고 눈밭을 갈 때도 발자국을 함부로 남기지 말라는 서산대사의 글을 김구 선생이 씀.

요즘 세계적 기업들의 브랜드 가치는 가히 천문학적이다. 2022년 기준 삼성전자는 세계 5위로 100조원이 넘어가고 1위 애플은 600조 이상으로 평가되고 있다.

위인들의 이름 가치를 돈으로 추정 한다면 천당 극락을 관장하는 예수 석가모니, 마호멧등 종교 창교자가 장사가 잘되니 백지수표 반열일 것이고 그 다음으로는 징기스칸, 나폴레옹등 불세출의 영웅들이 줄을 서고 우리는 세종대왕, 이순신 장군에 이어 국부에 크게 이바지한 재벌 회장들도 비싼 값에 거론 될 것 같다.

결국 사람의 이름값은 세상에 이바지하고 포용하는 넓이와 깊이 바로 그 사람의 발자국 흔적이 좌우하지만 결단코 비겁과 부끄러움과 더러움이 없어야 한다.

"밟아준다"는 의미의 긍정적인 표현으로는 웃자란 보리를 튼튼하라고 밟아준다. 우동 면발을 좋게 하려고 반죽을 밟아준다. 때 빼려고 빨래를 밟아준다 등이 있고 부정정적 의미로는 억누르고 오염 시키고 파괴하고 없앤다는 뜻을 가지고 있다.

그런데 여기에 어원(語源)을 둔 "발자국"은 인간들의 삶의 흔적을 한마디로 찜한다.

진화, 개선, 성취, 발전, 정복에 억압, 침략, 살상의 뜻을 망라 하고 있다. 육체의 한계를 뛰어넘은 에베레스트 정복이나 기술의 총합에 한 획을 그은 달 착륙은 인간들의 미지의 세계에 대한 끝없는 도전의 위대한 발자국이다.

이와 반대로 물욕으로 얼룩진 정의롭지 못한 발자국도 인간역사의 한쪽 면을 똑같이 쓰고 있으니 인간이란 동물의 선악의 양면성을 그대로 보여준다.

인류역사에 가장 더러운 발자국은 유럽 백인들의 아프리카와 남북 아메리카 등 3대륙을 통째로 삼킨 일 일 것이다.
아프리카는 온 유럽의 식민지가 되고 노예시장으로 고통을 받았으나 지금은 흑인들이 나라의 주권을 가지고 그런대로 살고 있으니 그나마 넘어간다 해도 아메리카는 이미 백인들의 나라가 되어 있으니 그 과정을 보면 할 말을 잊는다.

인간들의 끝없는 물욕에 식민지와 금은보화 등 결과물의 분배까지를 정한 권력자와 장사꾼이 결탁 된 상업적 선단구성 원정대로 콜럼버스, 코르테스, 피사로등이 아메리카에 발을 디뎠으면 장사꾼답게 거래를 할 일이지 조금은 우수한 무기로 수단 방법을 가리지 않고 자기들 보다 덜 깨우친 원주민 수천만 명 대부분을 살상하고(물론 붙어간 전염병에 책임을 많이 전가하고 있지만) 마야, 잉카, 아즈텍 문화의 말살이 계속되어 500년이 흐른 지금 그 넓고 좋은 땅이 북아메리카는 영어와 기독교로 남아메리카는 스페인어와 포르투갈어에 기독교로 완전히 백인종 천국이 되어 버렸다.
문명과 원시의 충돌이고 뛰어난 조선술과 항해술로 약육강식의 자연법칙의 결과라고 이해를 해 주고 싶어도 침략과 점령, 인종 말살과정이 너무나 비인간적이다.

교활함과 비겁함이 하늘을 찌른다.
인류사 최악의 비극이요 더러운 발자국이다.
이름값을 쳐줄 수가 없다.

어느 시대든 과학의 수준을 따라가지 못하는 게 종교이지만 아메리카 침략자의 앞줄에 면죄부를 팔던 종교가 있었으니 지구는 둥글 다는 갈릴레오를 이단으로 몰아 재판을 한 무지의 종교이다.
정복자 무리들의 캐치프레이즈가 "하느님께 모든 영광을"이라고 했더니 하느님이 원주민을 싹쓸이 하는데 동참했다는 이야기로 들린다. 종교역사에 씻을 수 없는 오점을 남겼으나 그들의 후손들이 여전히 세계를 지배하고 있으니 소수 원주민 단체의 항의는 옆집 개 짖는 소리로 들린다.

거기다가 돈벌이 원정대가 중남미에 도착한 10월 둘째 주 월요일을 미국을 비롯한 많은 나라들이 신대륙 발견의 날이라고 명칭은 달라도 기념을 하고 있다.
그런데 이게 말이 안 된다. 이미 수천만 원주민 들이 살고 있는 엄연히 주인이 있는 땅인데 신대륙 발견이라니? 원주민에게는 재앙의 시작인 이날을 지금이라도 아메리카 상륙이란 말로 바꾸어야 하겠다.

일찍이 서산대사는 "눈밭을 갈 때는 발자국을 함부로 남기지 말라 오늘 내가 남긴 흔적은 반드시 뒷사람의 이정표가 될 것이리라" 하면서 사람답게 살라고, 도둑놈 발자국 남기듯 부끄럽게 살지 말라고 일

갈 했고 이 경구(警句)를 특히 좋아했던 김구선생은 서예로 남기기도 했다.

가진 것은 부족하지만 자연의 섭리에 순응하며 그 소리를 좋아하던 아날로그 시대에는 현인들이 이렇게 인간의 도리를 강조하곤 했는데

이제 밥 좀 먹고 사는 디지털 세상이 되니 살아가는 질서보다는 육체의 건강을 먼저 챙기는 세상이 되어 버렸다. 그래서 걷기운동에 등산 발자국으로 온 산을 삐대고 다니니 뿌리가 앙상하게 드러난 나무들이 몸살을 앓는다.

사람의 건강욕심에 자연의 건강은 그만큼 해치게 되니 발자국의 부정적 의미를 일상에서 실감하게 된다.

이념과 지역갈등으로 허우적거리는 지금의 나라 현실이 훗날 어떤 역사적 발자국으로 남아 평가 될지 궁금하고도 걱정이지만 부디 나라 잘되기 보리밟기 발자국이 되기를 간절히 바라면서 공룡의 발자국을 한 번 찍을 수 있는 결단의 리더가 기다려진다.

이고득락(離苦得樂)과
위선최락(爲善最樂)

웰빙, 힐링, 올레길 …..
　예전에는 듣지도 보지도 못했던 말들이 일상화되고 있다. 육체와 정신의 조화를 통해서 행복을 추구한다는 웰빙이라는 사회현상이 요즘 세태를 그대로 반영하고 있다. 사회적 합의와는 별개의 문제지만 밥 좀 먹고사는 사람들의 화두는 단연코 '어떻게 살아야 잘사는 것인가'이다. 한 번뿐인 인생이라 모두가 즐거움을 찾는데 시간과 돈을 과용하는 사회 풍조가 진행 중이라 좀은 씁쓸하기도 하다. 풀빵 하나라도 사 먹기 힘들었던 옛날을 생각한다.

　즐거움을 얻는 방법은 일하고, 성취하고, 소유하고, 먹고, 마시고, 여행, 운동, 취미 등 사람마다 각양각색이지만 소유하는 재물의 양(量)과 사용하는 격(格)에 따라 크게 두 가지로 분류해 볼 수 있다.

하나는 불교에서 이야기하는 '이고득락'이다.
소유와 그 유지의 덩어리가 크면 인과의 법칙에 따라 번뇌와 업보도 커지니 소유를 절제함으로써 고통을 적게 받는다는 상대적 즐거움을 말한다. 전부의 무소유가 아니고 불필요한 것을 갖지 말라는 원론적 강론이겠지만 일반인들은 받아들이기 힘들다. 신의 세계도 서열 경쟁을 할 것인데 소유욕은 인간들의 본능이고 살아가는 수단이기에 다툼 없는 무소유 세상은 존재할 수 없음이다.

한때 세차게 화두가 되었던 무소유란 말에 궁금증이 하나 있다. 인간 세상 살면서 무소유가 불가능한 것인 줄 뻔히 알면서 길상사 스님은 왜 이런 주장을 했을까.
절에 가면 부처는 없고 불상만 있다는 지적이나 무소유의 강한 설파에는 종교도 절제해야 한다는 깊은 꾸짖음이 분명히 들어 있는 것 같다. 오랜 수행 끝에 신이 없다는 것을 깨닫고는 신도 가지지 말라는 역설적인 표현으로 무소유를 주장했을까.

아니면 혼돈의 시대 아직은 신이 필요 하지만, 너무 빠지면 신생(神生)이지 인생이 아니라는 사실을 비유적으로 말하고 싶었는지도 모르겠다. 속인으로서 감히 택도 아닌 생각을 해보는데 아무래도 무소유는 물질이든 마음이든 사회의 발전과는 거리가 있음에 수행자들의 몫으로 해야 할 것 같다.

완물상지(玩物喪志)란 말도 있다.
보면 갖고 싶은 욕심이 생기고 가지면 본심을 해치게 된다는 말이다.
덜 소유의 논리다. 물욕의 절제와 욕심의 한계를 어디에서 타협시켜야 할지 개인도 사회도 정말 어려운 문제다.

그러나 한 가지 분명한 것은 분수에 넘치는 과욕은 과다 경쟁을 유발 시켜 사회질서를 깨트리고 빈부갈등을 부추김으로 절대 금기시해야 하지만 인간사회에 적당한 소유는 너무나 당연하다는 것이다.
일찍이 맹자는 무항산(無恒産) 무항심(無恒心)이라 했다.
적당한 재물을 가져야 너그러운 마음이 생기고 사람 구실을 할 수 있다는 말이다.

곳간에서 인심 난다는 옛말 그대로다.
가정을 가지고 의식주를 해결하고 공동체 구성원으로서 역할을 하기 위해서는 최소한의 재물은 필수적이라는 것이다.
소유의 중요성을 대변한다.

즐거움을 얻는 다른 하나의 줄기는 정당하게 능력껏 소유하되 이를 통해 선(善)을 행하는 게 인생 제일의 즐거움이라는 '위선최락'의 사고다. 명심보감을 들먹이지 않더라도 인간 세상 재물은 유한함으로 언제 어디든 빈부격차는 있음이니 약자에 대한 배려와 배품은 있는 자의 원천 도리라는 것이다.
우리 조상들도 흉년에는 논밭을 사지마라 시집온 며느리는 3년 동안 무명옷을 입어라 등 경주최씨 가문의 약자 배려 가훈이나 굶주린 사람 아무나 와서 쌀 가져가라는 구례 운조루의 '타인 능해' 뒤주 정신으로 이를 행하여 왔다는 사실이 생각 없이 막살아가는 오늘의 우리를 부끄럽게 한다.

    요즘 들어 '노블레스 오블리주'니 부자증세 이야기가 많이 나온다. 부의 편중 현상이 심하다는 이야기다.
많이 가진 사람들은 그 과정이 부모를 잘 만났거나 자수성가를 했거나 모두가 자신의 능력이라 치부하고 없는 사람들은 세상의 불공평을 탓한다.

    어느 대기업 오너가 10세 전후의 어린 손주 7명에게 매인당 200억이 넘는 총 1,800억의 주식을 증여했다고 한다.
지배구조와 절세를 목적으로 적법한 절차를 밟고 많은 세금도 내면서 했겠지만, 서민들한테는 억장이 무너지는 남의 나라 이야기이다.
내 돈 내 쓰는데 너거들이 왜? 하면 할 말은 없다.
그러나 부의 편중에 따른 상대적 빈곤이 실생활과는 거리가 있는 이념대립 지역갈등보다도 훨씬 더 사회적 문제가 되고 있음을 알아야 한다. 아무리 절세와 지배구조 문제라 해도 천지도 모르는 철부지 애들한테 그런 거액을 증여할 때는 목적이나 절차가 하등 부끄러움이 없다 해도 가진 자의 사회적 책임을 생각하고 주위를 한 번쯤 둘러보는 지혜가 필요하다.
애 하나 몫 정도라도 사회에 베풀었으면 증여도 빛이 나고 없는 사람들 열 받지는 않을 것인데 아쉽다.
다음에 물에 빠지면 건져 줄 사람 없을 것 같다.

 일반적으로 선을 행하는 수단으로는 금전이나 부동산 유무형의 지식, 기술, 기능, 노동 등 여러 가지가 있으나 행함에는 큰 원칙이 있으니
'스스로 먼저 해야 하고'
'자랑하지 말고'
'대가를 기대하지 말라'는 것이다.

 남의 눈치가 무서워 마지못해 하는 선행은 하고도 욕 얻어먹고 과시하고 자랑하면 불출이다. 대가를 기대하면 장사꾼이고 선을 욕보이는 위선(僞善)이다. 배려하고 나누는 사회적 책임을 상대적 빈곤뿐만 아니고 상대적 권력, 명예까지 요구하는 세상이 되어가고 있다.

 건강하고 밝은 사회가 되기 위해서는 부자들은 사회와 국가라는 울타리가 있기에 자신들의 현재가 있음을 직시하여 너무 많은 것을 사유화(私有化) 안 했으면 좋겠고 보통 사람들은 능력을 무시한 절대 공평은 세상에 있을 수 없다는 사실과 정당하게 이룬 소유는 기꺼이 인정하는 자세가 필요한 것 같다.

 수십조 부자도 노자 동전 몇 개만 가져가는 저승길이다.(신사임당 그림돈은 염하는 사람이 챙기고)

이루어 가지는 즐거움에 베푸는 즐거움이 겹치는 "위선 최락"이 어떻게 살아야 잘사는 것이냐는 인생 물음에 가장 가까운 정답이 될 것 같다.

인천 자유공원 광장 앞 나무에 까치가 집을 지었다.

(까치집 I)

까치님
무엇이 좋아 여기에 집을 지었나요.

잘생긴 나무에 아늑한 제물포 포구가 좋았나요.
자유 공원이라는 자유라는 말이 마음에 들었나요.

뒤에 당당히 서있는 인천상륙작전의 주인공 맥아더 장군의 동상이 까치님 집을 잘 지켜 준다고 약속 했나요.

이도 아니면 차이나타운 자장면 냄새가 땡기고 일본거리 은행의 금고가 궁금했나요.

까치님 어느 것이 좋았던 명당을 보는 안목이 대단합니다. 새의 눈을 가지면 흥하고 벌레의 눈을 가지면 망한다는 격언대로 높고 넓고 밝은 조망입니다.

까치님 여기가 어떤 곳인지는 알고 있지요.
유사 이래 남의 땅 한 평 집적거리지 못하고 노략질이나 당하고 조공 바치면서 살아온 힘없는 조상들이 열강들의 힘겨루기에 옷 벗기고 찢기고 조계지 내어 주면서 개항 당하고 망국 수탈 치욕 전쟁까지 치르고도 아직 세계유일의 이념 분단국가로 남아있는 근세 150년 우리의 한이 맺혀있는 역사의 현장입니다.

　바로 까치님 집 조금 밑 왼쪽이 우리를 36년간 강점하고 분단의 단초를 제공한 일본의 조계지였고 오른쪽이 삼전도의 삼배구고두례의

치욕에 6.25 전쟁 때는 인해전술로 우리를 괴롭힌 중국 조계지 차이나타운입니다. 그리고 그 경계선 주위에 한미수호 통상조약 체결지 표지판도 보입니다. 당시 사교장이었던 제물포 구락부도 우리나라 최초 서양식 호텔인 대불 호텔도 복원되어 있습니다.
그때 메뉴판에는 커피를 양탕국이라 했다지요.

그리고 바로 앞에 섬이 그 유명한 인천상륙작전의 월미도입니다.

　이제 우리도 밥 좀 먹게 되어 선진국 문턱에서 서성거리고 있습니다. 그러나 아직은 아닙니다.
전쟁 잿더미 70년 만에 세계 최빈국에서 10위권 국력이 되어 금세기 세계 유일의 성공한 나라로 평가되기도 합니다만 이념과 지역갈등 심화로 나라가 사분오열 되고 국력신장이 다시 주춤거리고 있어 역사는 되풀이된다는 말이 걱정스럽게 자주 떠오릅니다.

　오늘 월미도 앞 바다는 지난날을 잊은 양 저렇게 평온합니다.
우리가 못나 힘없는 나라의 어쩔 수 없었던 개항과 분단과 전쟁의 아픔이었을지라도 우리는 잊을 수 없습니다.
결단코 절대강국 되어 일본, 중국, 러시아, 미국 등에 엄중한 직간접 관련 책임을 이자까지 쳐서 한번은 물어야 하지 않겠습니까?
　그러기 위해서는 무엇보다도 먼저 국론분열과 국가무질서, 국력낭비의 주범이 되어있는 너무나 비대하고 얼빠진 정치판을 대폭 축소 개선하는 일이겠지요.

선거로 위임받은 국정운영권과 입법권에는 자유민주주의 국가정체성을 부정하고 흔들 수 있는 어떤 권한도 들어 있지 않는데(반역죄에 해당) 이를 민주화로 호도하고 우리사회에 가장 큰 고질병인 극한의 이념대립과 지역갈등의 숙주가 되어있는 여야 정치인들 말입니다.

   나라 질서에 조금도 영향을 미칠 수 없는 이 범부에게 추운 날 제물포를 바라보며 나라걱정 답답함을 기도한다고 신이 있어 한 가지 소원만 말해 보라면 "다시는 변방의 가난한 소국으로 돌아가지 않기를 바랄 뿐입니다." (꿈같고 애들 같은 소원 하나 더 있습니다. 핵을 우습게 아는 절대무기를 우리가 선점하게 해주십시오. ㅎㅎ)

   까치님.
사방에 외국인 냄새가 배어있는 자유공원 날아다니려면 몇 개 국어 언어장벽도 있겠지만 서로 양보, 이해하고 부디 다른 무리들과 다투지 말고 잘 지내세요.

   생명이 있고 사랑이 있고 행복이 가득한 까치님 집입니다.
알 많이 낳아 잘 키우시고 우리의 국력이 세계로 뻗어 나가는데 새의 눈을 갖도록 일조(一助, 一鳥) 해 주십시오.
맥아더 장군이 까치님 집은 잘 지켜 줄 것입니다.

2023. 1. 24
인천자유공원에서

아래 글은 카톡에 올린 까지집 I 을 보고는 중고등 동기인 김지표 학형이 보내온 답글입니다.

[계묘년원단에 들려주는 李兄의 생각과 바램을 읽고 무척 공감합니다.
그 흔한 修飾的인 새해가 아니어서 수많은 인터넷상의 퍼온글의
홍수가 안어서 참신했고 신선한 대시 속에 숨쉬는 듯 했습니다.
李兄의 思念의 지평은 광활하고 언어의 질서는 조리가 있었습니다.
까치는 吉鳥의 눈을 빌려 우리 조국의 과거, 현재, 미래를 照明하는
기교는 과연 등단작가로써 실력이 돋보이고 부럽습니다.
秋史선생의 四字成語를 인용해 비유합니다.
山崇深海
산은 높고 바다는 깊네
감사합니다. 李兄!]

장충동 까치님은 아시나요
(까치집 II)

장충동 부잣집에 까치가 집을 지었다.

까치님 대단합니다.
그 집이 누구 집인 줄 알고 앞마당 나무에 집을 지었나요.
집터 기운이 좋았나요.
나무가 마음에 들었나요.

항상 탐구하는 좌우명으로 선지(先知) 실행하고 사업보국 합리추구 인재 제일의 경영 이념으로 나라 최고의 기업군을 창업 축성한 경영의 신(神)이 살던 집이라는 것을 알고 있나요.
인재를 알아보는 혜안에 학력 보다는 근면성실을 최고의 덕목으로 삼아

아무개
"게으르다"
"거짓말 한다."
"까분다"
세 마디로 함축 고과 하였다는 사실도 알고 있나요.

회사에서는 사장들도 소리 내어 밥 먹기를 조심한
근엄한 회장님이었지만 집에서는 큰방 앞에
추사 김정희의 "죽로지실" 편액을 걸어놓고
가족들과 죽로차를 마시곤 했던 따뜻한 아버지였고

평소 삼계탕과 메밀국수, 선지국을 좋아하고
당시 국내 3대밖에 없던 벤츠600을 타면서 즐기던 간식이 맛동산 이
었다는 사실도요?

고향일 보고 드릴 때면 희색이 만연
ㅇㅇ띠기(택호) 아직 그 집에 살고 있나.
나이가 많이 되었재 문중재실 대문짝은 고쳤나.
때때로 고향을 생각하던 자상한 영감이었습니다.

큰 주인 고향 생가 터가 그렇게 명당이라는 소문도 듣고 있나요.
뒷산 등줄기가 힘차게 뻗어 내려
돈 바위를 휘감아 도는 곳 곡식이 쌓인다는

노적봉형 집터이고
여기에 어떤 유명한 풍수들도 지적 못하는 생기(生氣)가 있으니.
뒷산 참나무 숲이 겨울이면 수천마리 갈까마귀 떼 월동지라
낮에는 동네 앞 남강 벌판에서 배를 불리고는
저녁에 여기 와서 잠을 자고 배설을 함에 그 영양분이 뿌리 튼튼, 잎 무성, 도토리를 양산 했다는 부자기운 말입니다.(요즘은 남강벌판 경지정리등으로 갈가마귀떼가 거의 사라짐)

고향 집터의 좋은 기운이 어떻게 천리 떨어진 장충동까지 이어졌는지 궁금했는데 까치님 집을 보니 지기는 땅기운이라 지하에서 서로 교감하고, 생기는 새님들이 하늘로 나른 것임을 알게 되었습니다.

이 모두의 지킴이는 참기름 한 병, 가죽자반 몇 줄, 찐쌀 두어 되 들고 오던 고향 일가들 취직부탁 다 들어 주고 잠재우고 차비까지 챙겨주던 후덕한 안주인 묘동댁이었습니다.

참!
집 주인들이 세상 뜰 때 조의(鳥儀)는 표시 하셨나요.
인생(人生), 조생(鳥生) 다 같이 한줄기 비행운(飛行雲)입니다마는
좋은 집터 알 많이 까서 잘 키우세요.

그리고 경제보국의 그 집안 가풍(家風)이 남산위의 소나무 같이 늘 푸르게 이어지도록 좋은 기운 많이 물어다 주세요.

헌배(獻杯)

 우리는 유사 이래 남의 나라 땅 한 뼘도 침 발라 보지 못한
순하디순한 민족이고
　가난과 고난을 숙명처럼 안고 살아오면서도 그러나 쉽게 꺾이지 않고 하나의 왕조는 최소 5백년 이상 유지해 온 세계역사에도 흔치 않은 끈기와 인내의 민족이다.
동시에 이를 가능케 하는 흥도 많은 백성들이다.

　새해가 되면 신나게 농악 판을 벌여 북, 장구, 꽹과리 치고 상모 돌리면서 지신을 밟아 가족의 건강 가정의 행복 마을의 안녕과 풍년을 기원했다.
그 흥의 중심 덕석 위 큰 사구에 막걸리가 가득한데 양재기가 동동 떠 있다.

모내기하려고 물 가두어 써레질한 논에 백로가 성큼성큼 개구리를 찾고 있다.
놀란 개구리 두 눈 두리번
자운영 핀
논두렁에서 폴짝 뛰니
국수 삶아 새참 이고 온
아낙의 묵직한 막걸리 주전자가 출렁인다.

　막걸리!
삼국시대 이전부터 내려온 민족의 고유 전통술이다.
우리의 배고픔과 역경을 달래며 농자천하지대본의 농주로서 명실공히 국주(國酒)의 위치에 있다.

　막걸리는 크고 작은 근심 걱정 다 받아주는 어머니를 닮은 넉넉한 술이다.
　가격도 착해 빈부 가리지 않으며 까탈스러운 와인과는 달리 어떤 그릇에 따라도 성질내지 않는 포용의 술이다.

도수가 낮고 단백질등 영양분이 풍부하니 건강에 좋고 세계 어디서도 찾아보기 힘든 배고플 때 요기되는 술이다.
그래서 집현전 학자 정인지는 막걸리가 생명을 키워가는 어린애 젖과 같다하여 예찬을 했던 모양이다.

알코올 분해효소가 부족하여 모임에서 주류파 좌석에는 앉지를 못하는 사람이지만 막걸리 한잔을 마실 때면 옛날 한마디, 나무한그루, 농부 한 사람을 생각 하곤 한다.

옛날 한마디
"죽은 후 천추만세까지 이름이 전해진다고 해도 살아생전 막걸리 한 잔만 못 하다."
술이 인생사 희로애락을 더하게도 덜하게도 한다지만 살아있는 지금 이 순간의 소중함은 사후 세계를 가정하고 있는 모든 종교의 경전을 전부 농축 한다 해도 결코 대신할 수 없다는 이야기로 들린다.

나무 한그루는 5백년 수령의 천연기념물 청도 운문사 소나무다.
매년 삼월 삼짇날이면 막걸리 12말을 마신다고 한다. 곡주에 조용히 취해 겨우내 움츠렸던 기지개를 펴고 선택된 인심에 고마움 표시로 승무를 추다 보니 처진 소나무 형태가 되었는지 모르겠다.

농부 한 사람은
박정희 대통령이다.

모심기 하고는 다리 걷은 상태로 논두렁에 걸터앉아 막걸리 한잔 기울이던 모습이 지금도 가슴을 뛰게 한다.
5천년 가난을 몰아내려는 의지와 염원을 논에 심은 불세출의 농부이기 때문이다.

　근래에 우리사회 술 문화가 정도를 벗어나고 있다.
살림이 나아지면 그동안 못했던 것 한 번해 보는 게 인지상정이지만 선진 부자나라 사람들도 접하기 힘들다는 한 병에 수십, 수백만 원 하는 양주와 와인을 백화점 선물세트 맨 앞줄에 자랑삼아 팔고 사는 졸부 근성의 과시 소비 만연에

모임에서 그 비싼 술 폭탄주로 돌리고 벌컥벌컥 마시며 호기를 부리거나 빈티지 술병 라벨 보고 장광설 잡식(雜識)을 자랑삼아 늘어놓는 사람을 자주 보지만 우리를 지켜주고 있는 감성 코드로서는 와인 마시고 농악놀이 더덩실 춤 생각할 수도 없고 맥주나 꼬냑 마시고 젓가락 장단 가당치나 하겠나.

　더불어 살아가는 한 축으로서의 덕목인 분수를 모르는 이러한 세태(世態)가 빈부 위화감을 조장하고 과소비를 부추기고 있어도 모두가 무덤덤하니 선진 국민 되는 길은 아직도 한참 멀어 보인다.

　밥, 김치와 더불어 우리의 3대 식품인 막걸리가 현대식품 과학에서 유산균 덩어리임이 밝혀지는 등 그 효능이 재확인되자 힐링 식품으로

서 성가를 올리고 있으나 서민의 술이라는 선입견이 작용하는지 막걸리에 대한 대접이 푸대접이다.
이름 그대로 막 대한다.
담는 용기야 750cc 플라스틱병이 대세이니 그렇다 치더라도 술잔은 같은 집이 없다.

 와인을 신의 눈물이라고 호들갑 떨면서 온갖 미사여구 다 동원하여 선전하고 팔고 있는 나라들은 일찍이 체온 전달을 막는다고 긴 손잡이 유리잔을 폼 나게 만들어 정형화 시켰다.
위스키, 맥주, 와인 잔을 보면 그 술이 연상되는데 막걸리를 연상시키는 잔은 기껏 싸구려 양재기로 인식되어 있다. 가정이고 식당이고 질그릇, 도자기, 플라스틱, 양은그릇 등에 재질도 모양도 크기도 주방장 마음대로이다.

 이제 우리도 밥 좀 먹고 살게 되었으니 민족과 애환을 같이한 고유의 전통주 막걸리의 위상을 높여 줄 때가 되었다.

수천 년 우리와 진화론 유전자로 결속되어있는 국주에 필연의 예의를 갖추는 의미에서 표준 막걸리 잔을 만들어 이에 獻杯 하고 싶다.
"막걸리님과 막걸리를 사랑하는 사람들에게."

아이스께끼

날씨도, 세상도, 마스크도 더운데
카톡 동영상에 올라온 아이스께끼통에서
옛날추억이 몇 개 나왔다.

국민학교 4학년 여름 방학 때 고향 정곡면 장터에 읍내에서 젊은 청년이 무슨 통을 메고 와서는 외친다.
동네 애들이 우르르 모인다.
뚜껑을 열고 나무젓가락에 붙은 길쭉한 것을 끄집어 내더니
"달고 시원한 얼음과자 아이스께끼 아이스께끼"를 외친다.
어디 그림에서 본 것 같다.
금융조합 딸아이가 뛰어와서 사더니 보란 듯이 빨고 먹는다.

저게 얼음과자이구나.
조금 있으니 순경 아들과 우체국 국장 딸애도 하나씩 사먹는다.
모두가 전근 다니는 아버지를 둔 뽀얀 애들이다.
여름에는 얼굴 타고 겨울에는 손 트는 동네 토박이들은 구경만 한다.
단돈 10환도 자기 돈이 없다.

입맛만 다시고 있다가 나부태 고개 밭으로 뛰어갔다.
엄마 혼자 목화밭을 매고 있다.
읍내에서 아이스께끼 장사가 왔다고 하니 말이 없다.
한참 있다가
"먹고 싶었지?"
"아니요"

대답이 반대로 나온다.
자식 입에 밥 들어갈 때와 자기 논에 물들어 갈 때가 가장 기분 좋다는 말이 있는데 숨쉬기도 힘든 뙤약볕 밭에서 모자가 주고받은 한마디씩이다.

농사지어서는 자식들 공부시킬 수 없겠다는 잠결에 들리던 아버지 엄마의 이야기가 이어지더니 6학년 3월 초에 대구로 이사를 나온다.

이사 나온 여름에 아이스께끼를 생전 처음 먹었다.
유명하다는 대신동 백운당이다.
달고 시원하다.
기다려 온 맛이 이런 것이구나.
애들 돈 뺏어 먹기는 딱이다.
입과 머리가 시원하게 반기는데 문뜩 아이스께끼를 처음 본 그 더운 날 고향 일들이 어린 나이에도 찐하게 오버랩 된다.

그 후 취직을 해서 객지에 나와 있어도 초복이면 본가에 들려 식구들 모아 외식을 하던 선례도 고무신도 뜨거운 지열을 마시면서 목화 밭 매던 어머니의 고생에 자식의 면피용 마음인지도 모르겠다.

부산에서 직장생활 할 때다.
해운대 별장 관리가 업무에 포함 되어있어
여름 한철이면 부잣집 식구들 지원을 했다.
더운 날 간식용으로 부산에서 유명한 광복동 석빙고 아이스께끼를 사서 보냈더니 그 후로는 서울 팀들이 오면 석빙고를 자주 찾는다.

한번은 서울 안주인이 손자들이 먹고 싶어 한다고 조금 보내라고 하신다.
"예? 부산 아이스께끼를 서울로?"
회사 업무에 지장을 줄 수 있는 사적인 부탁은 절대 안하시는 할머니라 얼른 아이스박스에 얼음까지 채워서 항공편으로 급송한 적도 있다.

할머니한테는 손자가 제일 큰 손님이라는 사실을 요즘 와이프한테서 새삼 느낀다.

그때 서울로 간 석빙고 아이스께끼는 몇 달 사이로 동갑인 유치원생 손자, 외손자가 먹었을 것이라
이들한테 45년 전 심부름 값을 좀 받고 싶어도(ㅎㅎ)
할아버지 뒤를 이어 사업보국의 바쁜 길을 가고 있어 청구서를 볼 시간이 없을 것 같다.
오늘 아이스께끼 생각이 나서 거금을 주고 비비빅하고 붕어싸만코 몇 개를 사왔는데 입은 더 먹고 싶은데 배가 1개 이상을 먹지 말라고 한다.

▶ 목화
국내 재배농가가 거의 사라지고 함양농장에서 이불솜용으로
조금 재배하고 있다고 함.
꽃말은 "어머니의 사랑"

만시지탄
좌우명을 하나
자작하다.

새벽 잠 뒤척이다가 이 나이에 시근이 드는가 보다.
 해는 서산에 걸리고 골인지점은 가까워지는데 한계를 뛰어넘은 환희도 관중석의 환호도 기대 할 게 없다.

 여태까지 살아오면서 구성원으로서 이바지 한 것이라고는 행동 없는 나라걱정으로 마음 조이고 직장생활과 소업으로 세금 몇 푼 낸 게 전부이다.

 남을 해코지 않는 것을 사랑이라고 생각하는 어중간한 사람으로서 사람의 일생 기껏 백년 아래에서 발버둥인데 목적 없이 태어나고 공짜로 받은 시간이라고 이를 야무지게 사용 못한 것 후회막급이지만 세상발전의 이치인 개선, 개혁, 혁신의 순리를 제때에 선지 실행치 못한 무지와 게으름을 꾸짖는 업보인 걸 어찌하리.
뿌린 것 별로이니 거둘 것 역시다.

　인간세상 경쟁 투쟁 전쟁으로 얼룩지며 내려오지만 먼저 살다간 현인(賢人)들의 경구(警句)를 모두 함축해 보면?

"세상을 이롭게 세상을 아름답게" 살고 가라는 한마디가 될 것 같다.

한정된 지구의 자원에
감사하며 아끼고 이롭게 사용하고
후손들에게 아름답게 넘겨주라는
로또복권보다 더한 행운으로 이 세상에 태어났음에 뒤따르는
원천의무 말이다.

　이에 어영부영 살아온 인생 늦게나마 여생을 다잡아 보는 심정으로
그리고 혹시나 재수있어
다시 한 번 이 세상에
오게 된다면
세상을 이롭게 세상을 아름답게 하는데
벽돌 한 장이라도 보태겠다는 약속의 증표로
좌우명과 호(號)를 "리세미교"(利世美橋)로 하고 싶다.

　촌부의 모처럼 호사스러운 작명 같은데 이 정신과 내용으로 경전을

만들어 종교를 하나 창설해도 될 것 같고 시민단체를 결성할 때 강령으로 사용해도 좋을 듯하다. 초심으로 돌아가서 다시 시작한다는 리셋의 의미와 어감도 있고 해서

　*자작호가 하나 더 있습니다.
"남현(南峴)" 경남의령 정곡면 중교리에 "나부태고개"가 있는데 지명의 유래는 문헌에도 찾아볼 수 없지만 남쪽에 있는 고개이기에 "나부태"로 된 것 같습니다. 소싯적 소 먹이려 남강 벌판으로 다니던 고개라 고향추억을 기리며 號로 하고 싶습니다.

불가사의

"꿈이라 생각하기엔 너무나도 아쉬움남아"
 인생의 덧없음과 그리움을 노래한 1980년대 조용필의 히트곡 "허공"의 시작 부분이다. 수십만의 노예가 동원되고 희생되었을 세기의 구조물 이집트의 피라미드를 우리들은 세계 7대 불가사의의 맨 앞줄에 앉힌다.

 텅 빈 하늘로만 알고 있는 "허공"이란 단어와 상식으로 설명이 안 되는 현상을 표현하는 "불가사의"란 용어의 공통점은 무엇일까?

 둘다 너무나도 크고 작은 숫자단위의 이름들이다.
10의 64승이 불가사의이고 10의 -20승이 허공이란다.
모래 한주먹이 대략 1만개 정도 된다고 하는데 갠지스강(항하)모래 개수를 10의 52승쯤으로 보고 "항하사"이름을 붙이고 있다.

이렇게 우주만물의 숫자보다 많고 반도체 나노단위도 명함도 못내는 상상초월의 극대, 극소 숫자들에 사람들은 왜 관심이 많은지 정말 궁금하다.
끝없는 인간들의 탐구심과 한없는 욕망을 생각게 하기도 하고 할 일 없는 사람들이 숫자 가지고 장난을 친 것 같기도 하다.

숫자 예는 끝이 없다.
아무리 큰 숫자라도 거기에 +1, -1을 하면 다시 자리가 바뀐다.
옛날 원시인들은 무리의 수를 점검하고 잡은 짐승숫자를 헤아리는데 손가락과 막대기 몇 개만으로 족했을 것인데.

우리는 지금
일, 십, 백, 천, 만, 억, 조, 경, 해, 정……항하사…불가사의…구골이란 이름을 붙여놓고 억, 조의 옆을 지나고 있다.
사방에서 억(億),조(兆)소리다.

연봉이 억을 넘어야 결혼상담소 문 들어가기가 부끄럽지 않다.
아파트 한 채에 몇 십억이 보통이다.
지구나이 45억년에 세계인구는 80억이 넘어 서고 있다.
야쿠르트 작은 병에 유산균이 백억 마리나 들어있다 하고 인간의 뇌 신경 세포 수는 천억 개가 더 되는 모양이다.
우주의 은하계도 천억개 이상이고 한 개의 은하계에 형성 숫자도 이쯤 된다고 한다.

억 다음에는 조 소리다.

2023년도 우리나라의 총예산은 639조이고 국방예산 57조, 교육예산 102조나 된다고 한다. 글로벌 대기업의 연간 매출액도 몇 백조가 보통이다. 그러니 예전에 선망의 대상이였던 백만장자도 억만장자를 거쳐 조만장자로 바뀌고 있다.

2022년도 우리나라의 GDP는 2161조 미국은 3경(京:10의 16승)을 넘어섰다. 이제 "경"의 단위가 우리 곁으로 오고 있으니 얼마 후에는 해(垓:10의20승)도 보게 될 것 같다.

과학과 산업이 계속 발달하여 경제적, 사회적 볼륨이 기하급수적으로 팽창하면 천년, 만년 후의 우리의 후손들은 어느 숫자단위에 살게 될지 자못 흥미롭다.

인간문명의 고도화로 생활은 더 없이 편리해지겠지만 숫자단위가 올라가는 만큼 인간이 더 행복해 지지는 않을 것 같다.
수치의 비교가 인간들의 이기심을 자극하니 개인 간, 국가 간 경쟁은 더욱 치열해지고 분쟁은 가중되며 빈부격차는 심화되어 분열과 혼란을 부채질 할 수도 있기 때문이다.

요즘 바둑해설에 인공지능 이야기가 꼭 따른다.
우주만물을 원자 단위까지 합해도 10의 81승이면 충분하다고 하는데.. 19줄의 바둑판에 나올 수 있는 경우의 수가 2x10의 171승이나 된다고 하니 입을 다물 수가 없다.

절대자가 있어 우주의 7대 불가사의를 선정한다면 단연코 지구의 인간들을 제일 먼저 꼽을 것 같다.

경우의 수가 우주보다 더 큰 바둑판을 가지고 놀고 있는 천재성과 있지도 않고 있을 수도 없는 신(神)이란 것을 만들어 놓고 평생을 매달리며 인생을 신탁해 버리는 바보스러움 중 어느 것이 인간의 진면목인지 절대자도 헷갈릴 것이다.

인류의 역사가 위로는 불가사의(10의64승)나 구골(10의100승) 아래로는 허공(10의-20승)단계 까지 발달할지는 알 수 없지만 한 가지 분명한 것은 인간들 간의 숫자 크기 싸움으로 지구의 수명보다 먼저 멸종될 것 같다는 것이다.

〈 숫자의 단위 〉

구분	내용	구분	내용
일	10^0	간(澗)	10^{36}
십	10^1	정(正)	10^{40}
백	10^2	재(載)	10^{44}
천	10^3	극(極)	10^{48}
만(萬)	10^4	항하사(恒河沙)	10^{52}
억(億)	10^8	아승기(阿僧祇)	10^{56}
조(兆)	10^{12}	나유타(那由他)	10^{60}
경(京)	10^{16}	불가사의(不可思議)	10^{64}
해(垓)	10^{20}	무량대수(無量大數)	10^{68}
자(秭)	10^{24}	구골(googol)	10^{100}
양(穰)	10^{28}	구골플렉스	10의 구골제곱
구(溝)	10^{32}	구골플렉시안	10의 1조승

구분	내용	구분	내용
일(一)	10^{-0}	묘(渺)	10^{-11}
푼(分)	10^{-1}	막(漠)	10^{-12}
리(厘)	10^{-2}	모호(模糊)	10^{-13}
모(毛)	10^{-3}	준순(浚巡)	10^{-14}
사(絲)	10^{-4}	수유(須臾)	10^{-15}
홀(忽)	10^{-5}	순식(瞬息)	10^{-16}
미(微)	10^{-6}	탄지(彈指)	10^{-17}
섬(纖)	10^{-7}	찰나(刹那)	10^{-18}
사(沙)	10^{-8}	육덕(六德)	10^{-19}
진(塵)	10^{-9}	허공(虛空)	10^{-20}
애(埃)	10^{-10}	청정(淸淨)	10^{-21}

아직도
사농공상인 줄 아는
공무원들이 많다.

조선시대 사회의 구조는 사농공상 (士農工商) 순서였다
　농자천하지대본 앞에 관리들이 있었다.
선비란 이름을 달고 우매한 백성들을 깨우치고 다스린다는 공무원들이다. 그런데 반 잘라 3백년이 지난 지금 우리 사회는 상공농사로 확 바뀌어 있다.

　자원 없어 세계와 싸워 먹고 살아야하는 우리로서는 당연한 변화이지만 상공의 사회 기여에 대한 인정과 대우는 아직은 한참 멀었다. 유사 이래 가난에서 벗어나 있는 것이 상공의 덕이라는 것도 세계화 된 머리, 우수한 인재가 공무원사회보다 상공 분야에 훨씬 많다는 것도 애써 외면하고 있는 잘난 공무원들 때문이다.

몇 년 전까지 플라스틱 소업을 운영해본 사람으로서 겪은 일이다.

한번은 검찰 지청에서 공장 환경 점검을 나왔는데 하필 그때 압출기 모터에 윤활유 치다가 공장 건물 내 물청소한 바닥에 몇 방울이 떨어져 기름 무늬가 보였다.

사진을 찍어가더니
언제 검찰청에 나오라한다 가니
기름 유출했다고 자술서를 쓰라한다.
한 달 수백만 원 전기요금 내고
　전기를 동력으로 쓰고 있는 공장임에 중유는 한 방울도 산적도 유출한 적도 없습니다. 기름유출 말씀은 성립 하지 않습니다.
모터에 윤활유 치다가 몇 방울 떨어진 것이니 다음부터 그것도 조심할 테니 선처바랍니다.

　안됩니다. 자술서 쓰시오.
아니면 공장 문을 닫게 하겠습니다.
뭐라고요?
갑자기 뚜껑이 열린다.

당신들보다 수십 배 세금 더 내고 국가경제에 이바지 하고 있습니다. 자술서 안 쓴다고 문을 닫게 하겠다니 이 양반아 헛말이라도 그런 말 하지마세요.

중소업이 그렇게 만만하게 보입니까?
순경만 보아도 겁을 내는 사람이 수사관한테 욕설이 나온다.

공무원보고 이 양반이라니
왜 나이도 젊은데 안 되나
이제는 말까지 놓네.
당신도 말 놓네.
수사관과 옥신각신
언성이 높아지니

칸 넘어 뒤에 있는 검사가 조용히 하라 한다.
결국 벌금 조금내고 끝이 났지만 이게 民을 卒로 보는 官의 자세라
직접 당하니 지금도 생각하면 만정이 떨어진다.

지금 우리 사회 국부 창출의 주역은 商工이지 士가 아니다.
요즘 구청이나 세무서에 가면 밥값 잘하는 공무원들을 많이 보지만 아직도 사농공상인줄 아는 공무원들이 더 많고 200년전 다산이 그의 저서 목민심서에서 강조한 관리들의 爲民정신은 공무원들 시험문제 출제 대상 밖에 안 되고 있다.

진정 나라의 주인은 자기들 월급 주는 백성들임을 알고 사농공상의 맨 앞자리에 있는 士가 맨 끝에 봉사하는 士자로 공무원 사회가 인식할 때 국격은 한 단계 업그레이드 될 것이다.

그게 선진국으로 가는 첫걸음이다.

"칸"에서 보는 것들

지하철
빌딩 엘리베이터
기차

1. 지하철

　운전대를 놓고 지하철을 많이 이용하다 보니 보고 싶은 것도 있고 보기 싫은 것도 많다.
복잡한 전철 내에서 붉은색 임산부 배려석이 몸 불편한 할머니들이 간혹 이용하지만 비어가는 경우를 많이 본다.
젊은 여자들이 많이 임신을 해서 임산부 보호석이 당당히 자리가 차는 것을 보고 싶다.
이게 국력 신장이다.

보기 싫은 것 중 하나가 젊은 커플들이 전철 내에서 집에서나 할 수 있는 부둥켜 안고 가는 애정행각이다.
공공장소에서 꼴불견이다.

또 한 가지는 얼굴 고치는 여자들을 제법 본다.
집에서 화장을 많이 하지 못한 사정이야 있겠지만 조금도 아니고 보란 듯이 하고들 있다.
그런데 전철에서 화장하는 여자치고 예쁜 여자 아직 보지를 못했다.

나이가 먹었지만 이직은 전철에서 서서 갈 수 있는 몸이기에 학원이 많은 대치역에 전후에서 가방을 멘 지친 학생들에게 자리를 간혹 양보 한다.

모두가 의아한 눈으로 깜짝 놀라는 상황이지만 다음 역에 내린다고 둘러대고는 앉게 하면 잽싸게 무릎에 가방을 놓고 책을 끄집어낸다.
친구들과 재미있게 놀아야 하는 저 나이에 학생은 가방에 치이고 부모는 과외비에 치여(부잣집도 있지만 은행대출 받는 집도 있다함)힘든 시간을 보내고 있으니 안쓰럽지만 열심히 하는 모습에 자리양보 잘 한 것 같다.

2. 엘리베이터

복잡한 출퇴근 엘리베이터 안
저층에 가는 사람이 제일 안쪽에 있다가
"잠깐만요" 하면서 핸드폰까지 들고 밀치고 나오는 경우를 자주 본다.
이런 사람의 정신상태가 궁금하다.
당연히 앞쪽에 있다가 내려야지

저 사람이 입사 면접 보려 왔고 면접관이 같이 타고 있었다면 합격시키고 싶을까?
만사에 느긋한 사람이라고 장점으로 볼 수도 있지만
일처리는 보나마나 조직생활에도 맞지 않고
만약 테이크아웃 커피 잔까지 들고 있었다면
회사 직원으로서도 배우자로서도 재고 대상이 분명하다.

3. 기차

우리가 핸드폰천국에 살고 있음을
수서까지 오는 열차 칸에서 실감했다.

조명도 낮은 저녁 시간대 열차 칸 만석 60석에 핸드폰 하는 사람이 대충 50명은 넘었다. 노트북 두 명 포함해서 거의 대부분이다.
책 보는 사람 찾아볼 수 없다.
10량이면 500여명이 핸드폰을 이용하고 있다는 것이다. 만약 투명 천장으로 하늘에서 내려다본다면 열차 내 조명 없이도 핸드폰 화면이

반짝이는 비늘이 되어 용이 날아가는 모습일 것이다.

불과 50년 전 서울 가는 12열차에 기대앉은 젊은 나그네 추억이 있는 사람으로서는 은하철도 999를 타고 있다.

이게 모두 지금세상을 지배하고 있는 전파의 역할이다.
전파, 공기와 마찬가지로 보이지 않는 만인 공유의 자연물이다.
2천 년 전에 전파가 있다는 것을 알아 성경의 창세기 창조물목에 넣었더라면 성령을 받아 기술했다는 성경에 좀 권위도 주고 체면도 설 것인데 그때는 보이는 것만 세상의 만물로 알았으니 하느님도 몰랐다는 이야기이다.

여기서 갑자기 이런 생각이 난다.

현대인은 전파 없이는 살수가 없으니 전파를 국유화(國有化)하여 세금을 거둔다면 부가세, 법인세, 상속세들보다 훨씬 더 큰 대단한 세원이 될 것 같다.(국세청에서 검토 할까봐 걱정된다. ㅎㅎ 지금도 TV 시청료 전화 요금 등으로 전파사용료를 내고 있지만 기업체의 시설 및 서비스 성격이지 순수한 의미의 전파 사용료는 아니다)

같은 맥락으로 유엔이 명실상부한 세계 정부가 되었을 때 전파를 세유화(世有化 : 세계 정부가 소유) 한다면 유엔의 제일 큰 수입원으로 평화 유지비용이나 빈민 구호 자금등으로 사용 할 수도 있겠다.

8 : 15
8월 15일 목요일

제1부
수필 (Ⅱ)

8월 15일 아침 8시15분에
나라 중요함을 생각한다.

예부터 정치와 종교 앞에는 가지 말라는 이야기가 있지만 말리면 더 하고 싶은게 인지상정이라
평범하게 살고 있는 사람의 나라 걱정과 종교생각 그리고 먼 훗날 동물원 "인간우리 안내문"을 실어본다.

박빙의 대선 승부는
나라를 둘로 쪼개는
망나니 춤이다.

다 아는 사실이지만 우리는 남들보다 무거운 짐이
한두 개가 아니다.

좁은 국토에 가진 게 없는 자원 빈국은 운명이고

세계를 시끄럽게 해온 대륙과 해양세력의 틈바구니에서 한순간도 눈을 팔 수 없는 지정학적 역사적 숙명에다 설상가상 세계 최저 출산율과 급격한 고령화로 인력마저 비상이 걸리고 있다.
여기에 동족인 북한과 전쟁을 치르고도 역사에 유례없는 이념 군사 극한 대치가 계속 되고 있어 하루도 안보 걱정 안 할 수가 없는 우리다.

그런데 정치 현주소는? 한마디로 암담이다.

극단의 여소야대로 중대 입법과 국사가 타협 조정 없이 일방 처리되고 있고 정권 싸움에 주권이 밀리고 성장 동력이 떠내려가고 있어도 이를 잡아주는 시스템과 사람이 없다.

계속되는 대선의 박빙승부가 손에 땀을 쥐게 하는 재미지만 이게 게임이 아니고 현실이라 득표율로 갈라진 미증유의 국론분열이 우리를 슬프게 한다.

나라가 어떤 지경이 되어 있는지 삼권분립제도의 삼권에서 밥을 먹고 있는 대통령, 국회의원, 판검사와 모든 공무원들은 다 알고 있겠지만 강조하는 의미에서 몇 가지 묻고 싶다.

타협을 찾아볼 수 없는 망나니 춤 정권다툼으로 나라가 다시 쪼개지고 삼국시대로 돌아가고 있다는 통치 차원의 정치적 낭패를 알고는 있나요.

회사 당장 때려치우고 작은 빌딩이나 하나 사서 월세나 받아먹고 살겠다는 기업인들이 많다는 것 가장 큰 이유가 사회보편성을 깨는 과잉보호로 심심하면 확성기 볼륨 높이고 머리띠 매고 경영권까지 간섭하는 세계 최악의 강성노조와 숨막히는 기업규제 때문인 것도

아줌마들 애 낳기 싫고 이민 가고 싶은 가장 큰 이유가 과다 사교육 학원 시달림이며 변별력 몇 개 문항이 즐거워야 할 학생과 학부모

의 반평생을 피곤하게 하고 가계(家計)를 휘청거리게 하고 있는 교육 현실도

겨우 코로나 사태 지나고 몸 좀 추슬러야하는 기업에 규제를 풀기는 커녕 2024.1.27일 부터 중대재해 처벌법 전면 시행하여 국부 창출의 주역인 기업의 사업주, 경영자를 전부 전과자로 만들고 있다는 법적 이슈도 알고 있나요.

인명중시 노동자보호라는 입법 취지도 좋고 아무리 노동자가 선거 때 표를 모아주는 절대 다수라 해도 산업 현장에서 땀 한 방울 흘려보지 않아 기업이 무슨 일 하는지도 모르는 국회의원들이 겁 없이 만든 법이라 해도 이건 아니다.

요즘 우리 산업현장들 노동자와 협력업체 그 가족들 수십에서 수십만이 딸린 생업 터이고 외국과 밤낮없이 싸우는 전쟁터다.
전쟁터에서 사병한명 희생 되었다고 전쟁을 이끌고 있는 사령관을 전투를 지휘하는 지휘관을 영창에 보내겠다고?
특히 중소업 사업주 일인다역 북 치고 장구 치고 일 다 하는데 구속되면 경영공백으로 회사 문 닫기 십상인데 누가 회사 운영하고 누가 경영 책임자 하려고 하겠나.

사주도 경영진도 노동자도 국민의 일원이지 주인은 아니다.
이들이 모여야 비로소 나라의 주인이 된다.

회사가 필요해서 노동자가 있고 노동자에 안전이 필요한 것이지 마치 노동자를 위해 회사가 있다는 사고방식에 기업의 사회적, 국가적 역할과 그 기여도를 고려하지 못한 졸속입법이다.

AI로 치닫는 글로벌기술 혁신시대에 노동의 가치가 더욱 작아지고 있다. 생산의 삼요소가 기술 자본 노동의 순서로 바뀌어 가고 있음을 직시하여 곧 닥쳐 올 노동자의 극심한 상대적 빈곤의 사회적 문제를 어떻게 풀 것인지 이런 대책을 미리 마련하는 게 노동자를 진정 위하는 길일 것이다.

시장경제 하에서 나라를 지탱하는 힘을 창출 하는 주역은

여론지지도에 신경 써 주요 국사를 미그적거리는 집권자도 아니고

큰 사고하나 나면 이때다 싶어 특별법 만들어 몇 년씩 정부 공격에 정략적으로 이용하여 보편적인 사회 순리에 맞지 않는 온갖 특혜와 과다보상금으로 국력낭비나 시키는 이념 국회도 국론 분열의 숙주가 되어 있는 여야 국회의원도 아니다.

民을 卒로 보고 민원신청에 복지부동 핑퐁이나 치는 공무원도

정치세력에 줄을 서서 몸보신이나 챙기고 비싼 땅 여의도에 공천 줄까봐 기웃거리는 판검사 변호사도 아니다.

오직 기업들이다.

이렇게 절대 지원의 대상인 기업을 규제를 많이 하는 걸 일 잘한다고 생각하는 국회의원, 공무원들이 보호는커녕 규제 범벅으로 발목을 잡고 있다. 세계 200여 나라가 치고받고 싸우는 아싸리판 세계시장에 나가 고생하는 기업들에게 상대적 빈곤의 원인 제공자로만 몰아붙여 반 기업정서 규제니 양산하지 말고

본회의장에 불러 의원님들 무식 뽀록나는 호통이나 치지 말고 사회기여도에 상응하는 지원과 평가와 대우를 해 주어야한다.
그래야 나라가 산다.

다음은 사회적 약자인 농민들 이야기이다.
옛날 사농공상(士農工商) 시절 농자천하지대본이라 할 때 나라 식량정책과 농민의 권익보호의 상징이었던 경자유전(耕者有田)원칙이 상, 공, 농, 사 순서로 사회기어도가 완전 바뀐 지금 농민을 평생 가난 하게 만들고 있다는 사실은 알고나 있나요.

도시 땅값 아파트 천정부지로 오르는데 농지법에 묶인 농민 소유 땅들은 꼼짝을 하지 못하니 날이 갈수록 도농간 빈부격차가 자고나면 더 벌어진다. 농민은 평생 가난하게 살라는 이 정책에 허리 휘어 땅을 치고 있다.

식량안보 차원과 무분별 개발은 막아야 하지만 농지매매를 묶는 게 능사가 아니라 국토 이용 계획 및 용도 제한 등을 좀 완화하여 농민들 재산가액도 올려 주어야 한다.

평생 허리 휘며 자식 공부 제대로 못시키고 서울 대치동 과외지옥 한번이라도 구경하고 싶어 하는 쭈그려진 한 맺힌 농부를 생각 해 본 적이 있나.

마지막으로 판사들 이야기이다.

법이 자유와 인권을 보호하기 위한 필수적 수단이지만 중대국사가 판사 한두 명의 판결로 방향과 선택이 결정되는 법 만능 사회가 되어 있다. 국회의원 296명이 싸움하고 결정한 일을 판사 1명이 다시 구속 여부를 판단 결정하는 것은 아무리 삼권분립이라 하더라도 사회 힘의 배분에 맞지 않는 코미디다.
아찔하다.
판사의 권한을 절대 축소해야 함을 단적으로 말해주고 있다.

인간사회 최선의 의사 결정 수단이고 민주주의 꽃이라는 선거의 남용으로 국론분열의 치명적인 약점에 시달리고 있는 게 세계적인 추세지만 우리는 여기에 극한의 이념대립과 지역갈등이 가세하여 나라가 분국 상태에 와 있다. 대선의 박빙승부가 국론분열의 망나니 춤이 되지 않도록 선거제도 개선과 통치시스템의 변경, 개선이 절실하다.
나라의 존망 차원에서

몸담고 있는 자유대한민국의 존립차원에서 핵 보유가 시급하다.

지금 세계에서 핵을 가진 나라는 공인, 비공인포함 모두 9개국이다.
나머지 나라 중에서 우리보다 핵이 절실한 나라 또 있을까?

 상존하는 북한으로부터의 위협에 자구책으로 반세기 전부터 핵개발을 염두에 두고 왔으나 계속되는 미국의 강력한 반대로 지금까지 아무것도 얻지 못한 채. 북한 한쪽만 핵을 가진 상태라 휴전종식, 경제협력, 군축회담, 통일 때까지의 공존 문제등 어떠한 대화도 협상 테이블을 만들지 못하고 있는 게 현실이다.

 오늘의 우리가 선진국 문턱까지 오는 데는 미국의 군사적, 경제적 역할이 결정적이였음을 누구나 동감하며 우리 역시 이에 화답이라고

하듯 미국이 도와준 세계 여러 나라 중에서 유일하게 성공한 나라가 되어있는데

그런데 초강대국 미국이 예전 같지 않다.
인간세상 힘이 정의라 하지만 미국의 요즘 대외정책을 보면 자주 마음에 안 든다.

세계의 경찰임을 자처한다면 원칙적이고 명확한 잣대로 남의 제사상에 감 놓아라 오렌지 놓아라 해야 하는데 아무리 국제 정세변화에 따른 국익이라고 해도 너무 들쑥날쑥이다.

구 소련을 견제한다고 중국을 키웠는데 너무 키워 패권경쟁을 하자고 덤비니 화들짝 놀라 온갖 무역제재를 주고받으니 세계가 시끄럽다. 의회 민주주의가 너무 넘쳐흘러 국론이 양분되고 있는 정치 시스템도 문제이고 천문학적인 국가부채 증가에 달러의 기축 통화기능도 흔들린다. 또 최근 반도체, 자동차, 2차전지 보조금 제외 결정등 우리에게 뒤통수치는 묻지마 전략에서 동맹국을 동맹국으로 보지 않는 국격을 보고 있고 정권이 바뀌면 주한미군 감축이야기도 다시 나올 수 있다는 걱정이 앞서기에 우리의 핵보유 절대 당위성을 생각한다.

여태까지 프랑스, 인도, 파키스탄, 이스라엘, 북한 등의 핵 보유는 막지 못하고는 유독 우리한테만 강한 잣대이다.
일본을 들먹이겠지만 그들은 이미 핵폭탄을 두 개나 맞은 전범국이라 맨날 당하고만 살아온 우리와 비교는 어불성설이다.

분쟁지역의 평화 유지 목적이라고 우리의 미사일개발 사정거리를 200, 500, 800km이니 겨우 늘리며 소꿉장난하는 사이(지금은 가이드라인이 없음) 북한은 핵은 물론이고 성능은 아직 검증단계에 있지만 미 본토까지 가는 ICBM 마저 개발해 버렸다.

기러기 달 쳐다보듯 6자회담 타령이 시간을 벌어 주었고 절대 핵개발 없다고 대통령이 호언장담하며 보내준 대북 송금이 격려금이 되었음에 국력이 40배가 넘는다는 우리로서는 정말 배가 아프지만 북핵은 이미 엎질러진 물이다.

산불은 맞불로서 꺼야 하는 게 제일 상책이라 북한과 전쟁을 피하기 위해서는 우리가 핵을 빨리 가져야 하겠다는 시급성을 느낀다.

세상에 핵 출현이후 전쟁의 양상은
비보유국 : 비보유국 아니면
보유국 : 비보유국간의 싸움이 되고 있다.
핵폭탄의 참상을 히로시마에서 보았기에 인간들의 이성으로서는
보유국 : 보유국의 전쟁은 인류 멸망의 길로 인식 되고 있다.
역설적으로 핵무기가 전쟁 억제력을 가지는 셈인데 만약 우크라이나가 구 소련의 핵배치를 포기하지 않고 지금까지 가지고 있었다면 러시아가 침공을 했을까?
절대 못한다.

러시아가 땅 조금 키우려고 핵 전쟁을 일으켰다는 더러운 역사의 붉은 줄을 러시아 이름 밑에 긋지는 않을 것이다.

문제는 이번 러시아의 우크라이나 침공에서 보듯 핵보유국이 비보유국을 침략을 하면 어떤 나라에서도 직접 개입하여 도울 수 없다는 점이다.

이 이야기는 우리가 핵보유국으로부터 침략을 받더라도 미국 본토 안보 때문에 미국이 핵우산을 사용하기 힘들다는 말이다.

그러므로 우리역시 핵, 미사일등 파괴적 투자에 올인하고 있는 북한과 세계도처에서 특히 우리의 뱃길인 남중국해, 대만해협, 서해에서 긴장을 고조 시키고 있는 중국의 오만한 군사력에 결연히 맞서고 혹시 있을지 모를 그들의 국지전, 전면전을 당하지 않으려면 우리가 핵을 가지는 길 밖에 없다는 결론이다.

또한 강대국들의 희생양이 되어 비싼 무기 눈치보고 사서 머리에 골 빠지도록 이고 온 우리로서는 재래식 무기를 아무리 첨단화 시켜도 핵을 따를 수 없음에 이제 핵무기를 보유하여 허리 좀 펴고 독립된 무기 체제를 완성해야 하겠고 혹시 북한의 급변사태 시 제3국의 개입이 뻔함으로 우리가 핵을 가지고 있어야 유출도 막을 수 있고 수습도 가능할 것이다.

미군과 UN군이 포함된 수백만이 살상된 동족 상전의 비극을 되풀이 하지 않기 위해 우리가 미국의 반대를 무릅쓰고 핵을 개발 한다면 초유의 외교적 압박과 경제 제재로 보복을 해 올 수도 있다.

그러나 어쩔 수 없다.

좀 가난하게 살아도 생존이 먼저 아닌가?

그렇다고 이제 와서 새삼스레 백악관이나 의회를 고분고분 설득하고 로비하는 것은 웃음거리이다.
우리의 핵개발은 국가존립, 생존차원의 문제라 정치적 합의나 바보 같은 여론조사로 정할 일도 아니다.
오로지 국가관이 투철한 국군통수권자의 결단에 달려있다.

　국지열전과 냉전이 뒤죽박죽인 지금의 국제정세는 우리에게 명분을 주고 있으며 북한이 전술 핵 잠수함까지 들고 나온 마당에 미국도 우리의 핵개발을 묵인하는 게 비핵화 비핵화 노래 부르다가 북한과 중국등으로부터 당한 망신에 단호하고도 최선의 답이라는 것을 분명히 알고 있을 것이다.

공유가 불가능한 핵우산을 씌워 준다고 립서비스 하지 말고 우리의 핵개발을 묵인하든지 우리가 통제, 사용권을 가진 핵을 배치해 주든지 아니면 돈 받고 팔라고 우리의 국운을 걸고 강력히 요구해야 한다.

　미국의 시원한 답을 기대하는 것은 어리석다.
일단 저지르자.
다음에 수습이다.
러시아-우크라이나 전쟁과 김정은-푸틴의 만남은 우리에게 미적거리지 말고 핵을 빨리 가지라는 비상 사이렌이다.

2023.10.1

경전의 수정을 허(許)하라

**사람의 신체 조건 중 시각, 후각, 청각이나 빠르기에서는
새나 개 앞에서 명함도 못 내밀 정도라 한다.**
다른 동물보다 크게 우세한 것은 직립 보행뿐인 것 같은데
그럼에도 인간이 만물의 영장이 되어 있는 것은
상상을 초월하는 상상력
바로 생각이라는 지적 능력의 절대 우수함일 것이다.

사람 사는 세상
끝없는 호기심 발로가 발견 발명등으로 현실이 되고
존재 리스트에 다 오르고 있는데 유독
그 상상의 정점에 있는 신
사후세계 천당극락 부활 윤회만은

수천 년 동안 확인도 증명도 안 된 채 가상의 세계 그대로이다.
이들을 담은 종교라는 포장지는 현존인데 내용물이 있니 없니 아직
답을 못 구하고 있다.

고대 이집트 왕가 무덤의 장제전 컬러 벽화나 캄보디아 앙코르와트의
돌조각 벽화의 공통점은?

생에 대한 애착으로 사후세계가 있고 부활 윤회가 가능하다고 믿고
싶은 살아 있는 사람들의 희망의 설계도이다.

파라오들이
신의 이름으로 노예노동을 동원 수십만 수백만을 혹사시키면서
거대한 신전을 짓고는
사자(死者)에게 넣어주는 장제전 빵 한 조각 축내지 못하고
결국 한 줌의 흙으로 돌아갔다.

지난 역사가
사후세계가 없음을 허무하게 증명하고 있고
하늘에 모신 신은 비행기와 인공위성이 날라 주소지를 바꾸는 망신을
당하고
불가사의 축조물들은
못사는 후손들이 밥 먹고 사는 관광자원이 되어 있다.
그래도 신은 오리무중이다.

신이 있다 없다 유무신 논쟁에서
유신론자들이 자주 인용하는 게
영국의 할머니 이야기이다.

토론 모임에서 신은 없다고 결론 내려 하니 할머니 왈
바람이 보이지 않는다고 바람이 없는 것입니까?
어버이의 자식 사랑도
TV 라디오 전파도 보이지 않지만 존재하는 것입니다.

할머니 이야기가 실화인지 픽션인지 분명치 않으나
이야기는 그럴싸한데
한마디로
어불성설이다.

바람, 사랑, 전파 등
세상의 모든 현상들은 자기의 존재를 어떤 방식으로든 표현하고 알리는 물성이 있는지라
인간의 오감, 과학적 수단, 세상 이치의 추론등 어느 한 방법으로는 흔적을 찾을 수 있는데
신과 사후세계는
머릿속 상상의 가정물(假定物)이라 발생원이 없다.
TV도 전파를 보내는 방송국이 있기에 나온다는 말을 아무도 하지 않는다.

천당극락 지옥으로 양분되어 있다는 사후세계 확인은 누가 가서 보고
오는 게 제일 좋은 방법인데
죽은 사람은 가서는 돌아올 수 없고
산 사람은 죽지 않고는 갈 수 없으니 유신론자들은 되레 무신론자들
보고 신이 없다고 증명해 보라고 한다.
유구무언이 정답이니
봐라 신은 있는 것이다 라고 괴변을 한다.

그래서
신과 사후세계는 생에 애착을 너무 가진 인간들의 발명품이라고 하는
모양이다.

인간들의 평균수명이 40도 안 될 때 인생의 덧없음을
일장춘몽이라 했으니
80을 넘게 사는 지금 우리는 이장춘몽(二場春夢) 정도는
되는 셈이다
그런데 여기에 만족하는 사람 있을까?
아무도 없다.
삼장(三場)이 아니라 부활 윤회하여 영생을 하겠다고
기도중이다.
정말 신이 있다면 자기들과 동급이 되는 인간들의 영생을 받아 드리
겠나?
가당찮은 일이다.

끝없는 인간들의 욕심으로 볼 때 언젠가는 영생의 시스템이나 불로장생약이 개발될 것이다.
그러면 무슨 일이?
사후세계가 없어지니 천당, 극락, 부활, 윤회라는 말이 사라진다.
인류 역사 이후 상상 속에나 존재하며 있니 없니 하던 유무신 논쟁이 의외의 상황 변화로 종지부를 찍을지 모르겠다.

여하튼
천둥번개에 놀라 동굴 속으로 뛰어가면서 시작된 종교는
고대 문명인 이집트 바빌로니아 메소포타미아를 거치면서 신화와 종교관으로 묶어 고스란히
성경등으로 옮겨진다.
그리고는
그동안 조금의 수정도 없이 오늘에 이름에
3~4천 년 전의 무지(無知)와
사고(思考)의 경전으로
지금의 세상사가 재단되고 있는 셈이다.

그러니
아프리카 남북아메리카를 정복하고 말살할 때 슬로건이 "하느님께 영광을" 했다든지
천당 가는 면죄부 장사에

지구가 돈다고 한 갈릴레오 재판을 하기도 하고

1856년 길가메시 점토 문자판이 발견되는등 성경이 고대 문명의 신화를 짜집기 했음이 밝혀질 때는 당황해서 하는 말이 이전 것은 거짓이고 성경만이 참이라고 원본은 가짜이고 복사본이 진짜라는 식의 어처구니없는 아찔한 일들이 벌어진다.

세상의 순리와 너무나 동떨어진 일련의 과정에서
종교의 이현령비현령(耳懸鈴鼻懸鈴)의 극치를 보고 있음에
아무리 종교라도 세상의 변화는 좀 읽었으면 하는 생각이 든다.

지구자원은 유한하기에 경쟁은 불가피하고 강자와 약자의 다툼은 상존하는 게 인간 세상이다.
양보 상호존중 사랑이라는
순기능 제고 차원에서
신의 유무 논쟁을 떠나 종교는 필요 한 것 같다.

자연의 섭리를 부정하는 부활 윤회의 교리와
상대 종교를 인정하지 않아 세계도처의 분쟁을 유발하고 있는 유일신 주장은
세상의 질서 엉킴을 완화하고 세계 평화를 위해
조정이 불가피하고 그것도 시급함을 느낀다.
업그레이드 안 된 내비게이션이 자동차를

물속으로 들어가게 할 수도 있다.

경전의 수정을 허(許)하라.

Allow the Revision of Scriptures

Among human physical conditions, it is said that in terms of vision, smell, hearing, or speed, we cannot even compare to birds or dogs. The only significant advantage humans have over other animals seems to be bipedalism. Nevertheless, the reason humans have become the dominant species is due to our extraordinary imagination—specifically, the absolute superiority of our intellectual ability to think.

In the world where humans live, endless curiosity leads to discovery and invention, turning ideas into reality and placing them on the list of existence. Yet, uniquely, at the pinnacle of this imagination lies the concept of God, the afterlife, paradise, resurrection, and reincarnation, which have remained unverified and unproven for thousands of years, existing only as a virtual world. The packaging of these beliefs in religion is present, but we have yet to find out whether there is any substance to them.

What is the commonality between the colorful wall paintings of the ancient Egyptian royal tombs and the stone carvings of Angkor Wat in Cambodia? They are blueprints of hope for the living, who wish to believe in an afterlife and the possibility of resurrection and reincarnation, stemming from their attachment to life.

Pharaohs mobilized tens or hundreds of thousands of slave laborers in the name of the gods to build massive temples, yet they could not spare even a piece of bread for the dead in their funerary temples, ultimately returning to dust.
History has futilely proven the absence of an afterlife, while the gods we worship have been humiliated as airplanes and satellites change their addresses. The mysterious constructions have become tourist attractions for impoverished descendants. Yet, the existence of God remains elusive.

In the debate over the existence of God, theists often cite the story of a grandmother from England. When a discussion group concludes that God does not exist, the grandmother says, "Just because the wind is invisible, does that mean there is no wind? The love of parents for their children, as well as TV and radio waves, are also invisible, yet they exist."

Whether this grandmother's story is true or fictional is unclear, but the narrative is plausible. In short, it is a fallacy. All phenomena in the world express and communicate their existence in some way, whether through human senses, scientific means, or logical reasoning. However, God and the afterlife are mere hypothetical constructs in our minds, lacking any origin. No one claims that TV signals come without a broadcasting station.

The best way to confirm that the afterlife is divided into heaven, paradise and hell is for someone to go and see it.

Dead people can't come back

It is a world that the living cannot enter without dying.

Theists, who are responsible for the source of proof, ask atheists to prove that there is no God.

He said he couldn't answer unless he died.

"Look, there is a God." He insists,

Thus, it seems that the concepts of God and the afterlife are inventions of humans who are overly attached to life.

When the average human lifespan was less than 40 years, life's transience was likened to a fleeting dream. Now that we live beyond 80 years, we might consider it a second fleeting dream. Yet, is there anyone satisfied with this? No one. People pray for resurrection and reincarnation to achieve eternal life. If God truly exists, would He accept the eternal life of beings who are on par with Him? That would be absurd.

Given humanity's insatiable desires, it is likely that someday a system for eternal life or a potion for immortality will be developed. What then? The concept of an afterlife would vanish, and terms like heaven, paradise, resurrection, and reincarnation would disappear. The debate over the existence of God, which has existed only in imagination throughout human history, might come to an unexpected conclusion.

Regardless, religion, which began with humans fleeing into caves in fear of thunder and lightning, has evolved through ancient civilizations like Egypt, Babylon, and Mesopotamia, intertwining myth and religious beliefs, ultimately being transferred into texts like the Bible. Throughout this time, without any modification, these texts have been used to judge the affairs of the world based on the ignorance and thought processes of 3,000 to 4,000 years ago.

Thus, when conquering and annihilating Africa and the Americas, the slogan was "Glory to God." There were also trials like Galileo's, who claimed the Earth revolves. When the clay tablets of the Epic of Gilgamesh were discovered in 1856, revealing that the Bible had stitched together ancient myths, the response was to declare that the previous texts were false and that only the Bible is true, claiming that the original is fake and the copy is genuine—an absurd and shocking situation.

In a series of processes so detached from the natural order of the world, we are witnessing the extreme of the contradictory nature of religion. No matter the religion, I hope it can read the changes in the world.

Since Earth's resources are finite, competition is inevitable, and the struggle between the strong and the weak persists in human society. In the interest of promoting mutual respect, love, and positive functions, I believe religion is necessary, regardless of the debate over the existence of God.

The doctrine of resurrection and reincarnation, which denies the laws of nature, and the claims of monotheism that do not recognize other religions, are causing conflicts around the world. It is urgent and necessary to mediate these issues to alleviate the disorder in the world and promote peace.

Unupgraded navigation can send your car into the river

Allow the revision of scriptures.

동물원 인간 우리 안내문

동물원 구경 갈 때면 이런 생각을 해 본다.
　동물원 구경 갈 때면 이런 생각을 해 본다.
세상에는 영원한 법이 없나니 여기에도 주객이 바뀌어
인간의 우리가 생기고 다른 동물들이 구경하는 어처구니없는 세상이
올 수 있겠다고

지구나이 45억년에 현 인류의 조상인 호모사피언스가 출현한 게 고작 30만년 정도 전이라 하니 공룡이 살다간 2,3억년 기간에 비하면 새발의 피다.

아무리 영악한 인간이라 할지라도 이직도 40억년 이상 남았다고 하는 지구의 마지막 고등동물은 분명 아닐 것이다.

먼 훗날 인간이 멸종하고 더 똑똑한
초격차 생물이 출현 한다면 그들의 동물원 한 코너에
백인, 흑인, 황색인종의 구색을 갖춘 인간복제 3층 우리가 생길 수도
있겠다.

 인간의 역사
기록이나 흔적으로 알 수 있는 고대 파라오, 중세 로마, 지금의 미국,
중국, 러시아등 5천년 어디에도 화합이라는 단어를 찾아 볼 수 없다.

 오로지
 사자가 임팔라를 덮치는 약육강식의 동물의 본능에 인간의 끝없는 욕
심이 올라타고 있는 고삐 없는 형국이라 이로 유추하건데
인간세상 그리 오래 갈 것 같지는 않다.
무기발달 과정을 볼 때 핵무기를 우습게 아는 신무기가 언젠가 나올
것이고 이게 인간멸종의 단초가 될 수도

부디 인간들의 이기심이 자멸의 길을 만들지 않기를 바라면서
수필 마지막 장으로 "동물원 인간우리 안내문"을 하나 써 본다.

인간

지구환경의 최적 조화로 가장 늦게 출현한 수명 100년 정도의 길짐승의
일종이다.

제법 영리하여 다른 동물과 달리 의사소통의 언어와 기록하는 문자를 가지고
있었으며 비행기, 자동차등 타는 것을 만들어 빨리 이동하는데 사용하고
보이지 않는 전기, 전파가 있음을 인지하여 실생활에 동력과 통신수단으로 이
용도 하고
인공지능을 개발해 자연의 섭리에 도전도 했다.

이기적이며 교활하고 그들 스스로 만물의 영장이라고 자처하며 지금은 재래식
무기가 된 핵무기를 만들어 놓고 세계도처에서 전쟁 테러 파괴를 일삼았다.

소수의 인간들은 다른 행성으로 이주도 시도했지만 지구생물이 외계에 장기간
체류하면 생식기능 퇴화, 수명 대폭 단축,
지능 저하등 인간의 형체와 능력에 치명적인 손상이 온다는 것을 알고는 포기
한다.

생존기간 내내 동식물을 포함한 지구의 모든 자원을 먹고 마시고 입고 즐기는
데 남용, 낭비하며 이를 더 갖기 위한 나라간
충돌에 이념과 종교까지 가세
결코 사용해서는 안 되는 환경무기를 주고받음으로서 생태계 파괴와 기후급변
으로 이어지는 슈퍼바이러스의 희생물이 되어
그들의 연대표로 서기 70만년 경에 멸종하였다.

공룡이 2억년 가까이 존속한 것과는 대조적으로 서식기간 100만년동안 그들
이 지구에 이바지 한 것이라곤 배설물이 토양에 약간의 거름이 된 것 뿐이다.

**제2부
시, 산문**

선암사 중에서...

세속의 연의(緣依) 벗은 선암 정토를
연옥색 명주천으로 감싸고
불심 연못에 수양벚꽃 휘영청 하니

초보 수행승 심연(心淵)에 잔물결이 인다.

속세의 실꾸리를 풀어야 하나 감아야 하나
달빛 젖은 창호지가
소리 없이 떨린다.

아버지

뙤약볕 신작로에 대구행 버스가 먼지를 달고 달린다.
가뭄에 논바닥이 갈라진다.
어린 마음도
타 들어간다.
하늘님 비 좀 내려주세요.

천수답에 물 퍼주고 양동이에
잔챙이 붕어와 미꾸라지 몇 마리 주워 담은 아버지는
말이 없다.

공부 열심히 하겠습니다.

혼자 중얼 거리고 다짐도 했건만
살아오면서
영감 웃게 해드린 적
가뭄에 콩 나듯 한 것 같다.

자식 공부 시킨다고 대구로 이사 와서 그 해
경북중학교에 시험이 되니
그렇게 기뻐하시던 아버지
합격 축하 선물이 걸작이다.
짜장면 3그릇이다.
짜치는 형편에 3일 연속 쏘신다.
세상에 이렇게 맛있는 음식도 있구나.

그 이후로
부자지간 외식 메뉴는
요리하나 시켜 먹을 형편이 된 뒤에도
언제나 묻지마 짜장면이 되었다.

그러니 말년에 희미한 기억을 이어가는 유일한 樂도
열흘마다 대중탕에서 때 밀고 짜장면 먹는 일이였는데
60년 전 그때는 자식을 희망으로 아버지가 사고
이제는 아버지를 세월로 자식이 계산하니
물끄러미 바라보는 주객도 바뀌었다.

103세로 고향 경주이씨 집안에서
제일 장수한 영감님이 특히 좋아 한 음식은 청어였다.
나중에 이빨이 몇 개 없어도 청어 가시 빗살무늬로 골라내는 솜씨는
며느리 왈 거의 예술 작품 수준이다.

청어가 그렇게 맛이 있습니까?
옛날 부잣집(호암생가) 담 넘어
청어 굽는 냄새가 너무 좋았다고

년 전에 그 부잣집 장손의 부음을 알리자
대뜸 한마디 촌철살인이다

"돈을 주고도 생명은 한 치도 못 사는구나"

"그래 부조는 얼마 할라 카노?"
"큰 부잣집은 부조금 안 받습니다."
들은 척 만 척
"부조 조금만 해라."

아버지 생전 자랑삼아 노래삼아
식구들이 식상해 하던

농사짓다가 대구로 이사 나온 게
인생최고의 잘한 일이고
고향선영 지명이 봉황정이라
후손에서 큰 인물이 나올 것이라는 말씀이
자식 잘되기를 바라는 부모의 염원이고
더 열심히 살라는 당부였음을

요즘에야 시나브로 가슴에 와 닿으니
자다가도 만시지탄
죄송할 뿐입니다.

아버지!

올 봄
당신 그리며

돼지새끼 팔러 30리 읍내 장에 걸어 다니시던 길
자식은 소 먹이려 남강 벌판 자라등으로 가던 길

벚꽃 흐드러지게 피던
나부태 고개를 걷고 싶습니다.

▶ **나부태 고개**

경남의령군 정곡면 중교리 초등학교 앞에 있는 의령읍 방향의 고개로
정암 솥바위와 남강벌판의 자라등 부자기운이 동네로 넘어 온다는 속설을 가지고 있습니다.
옛날에 벚꽃 터널 길이었으나 지금은 벚나무는 없습니다.

어머니

세상에서 가장먼저 배우는 말이
"엄마"라고 하는데
103세 아버지 가시면서 마지막 한 말씀이
"엄마"였다.

세상에서 제일 숭고하고 아름다운 말이
어머니라고 하는데
평생 고기반찬은 자식 몫
"나는 된장이 맛있다."
상습 거짓말쟁이
어머니였다.

남의 집 짜구난 돼지새끼 가져와 잘도 키우니
동네사람마다
우째 이집은 돼지가
반들반들 이리 잘 되노?

찬바람 신경 쓰고
늘 구시통 깔금에다
잘잤니?
배고팠지?
사람한테 하듯 말을 걸던
자미띠기(택호: 자미)의 정성의 산물이었음을
그때는 미처 몰랐습니다.

폭격과 지진에 자신을 덮쳐 자식을 보호해주는 단 한사람
어머니라고 하는데
갈치 가운데 토막 효도

시늉만 한 회한 가시 되어 찌르니

온갖 잘못 다 묻어 주시던 처진 당신의 젖가슴이 보고 싶고
온갖 투정 다 받아 주시던 소죽 냄새나는 당신의 치마폭이
그립습니다.

추운 겨울날에 가신 어머니의 방금 나온 유골함이 따뜻하다.
마지막 자식사랑이다.

아! 어머니.

발톱 깎으러 삼성병원에

청계산에 올라가고 있는데 핸드폰에 여자 음성이다.
"여기 서울 삼성병원 고객 상담실인데요.
할아버지 명찰에 보호자 되십니까?"

가슴이 덜컹
아침에 식사 같이 했는데 삼성병원이라니

어디 위독하십니까?

아니요
발톱 깎아 달라 하시는데
저희병원에서는 할 수 없으니 모시고 가세요.
손자가 가니
유유히 소파에서 신문을 보고 계시더라고

엄지발톱이 안으로 살을 파고들어가 깎기가 집에서는 잘 안되어 동네 의원에 가니 의사가 웃으며 하는 말 이런 것은 목욕 후 집에서 뻰찌로 해보세요.
그 후 자식들이 별로 관심을 안보이자 섭섭했든지 택시를 타고 이병철씨가 운영하는 병원으로 가자고 했다나(다행이 삼성을 아는 운전기사로 생각됨)

진료 받는데 몇 개월씩 대기해야하는 서울 삼성병원에 휘어진 발톱 깎으려 100세 영감이 혼자 오니 고객 상담실이 기가 막혀 웃음바다가 되었다고

친절한 간호사 덕에 영감님 잘 모시고 왔다고 전화주니 얼마 후 그달 친절한 간호사로 표창했다고 한다.

모내기

초사흘 어둠이 잠을 자다가 장닭 울음소리에 눈을 떠니
밤송이 벌어지듯 희붐
동녘이 튼다.

전날 물 가두고 써레질한 논에
백로가 아침 요기 한다고 성큼성큼
개구리 찾고 나니
품앗이 일꾼 첨벙첨벙
못단을 던진다.

둥둥 구름 비친 논에 못줄 지나가니
쌀농사 입학식에
모들이
나란히 녹색 줄을 서고

앞뜰 남강 별판
아지랑이 타고 놀던 종달새
모내기 구경한다고 갯둑 바람 물고 와
삐주루비 삐주루비 호들갑 지저대니
모에서 방금 이름 바뀐 벼들이
살랑살랑
다시 한 번 몸 추스른다.

해거름 모내기가 끝나갈 때
학교 파한 4학년 아들 놈
몽당 연필통 딸랑이며 뛰어오니
엄마
"여기 술 빵 먹어라"

"그래 너거 선생 가정방문 언제오노"
"농사철 바쁘다고 가을에 오신다고 했어요."
"아이구 잘되었다."
대접 할 게 없으니 무식(無食)이요.
배운 게 없으니 무식(無識)이라 무슨 말을 할지 몰라 엄마한테는
지서 순경보다 무서운 게 담임선생이다.

귀가길
지난 섣달에 산 두마지기 논
첫 모내기 숙제 마친 아버지 엄마 마음
빈 지게 빈 광주리 마냥 가벼운데
오늘 글짓기 숙제 받은
어린놈 책가방
못짐보다 무겁다.

며칠 후
상현달 따라
사픔 논 물꼬 손 보고 온 아버지
공부방 불빛으로 자식농사 믿어보고

"여보"
"추출한데 막걸리 한잔하고 잡시다."
딴마음이 있는지
초저녁 잠든 아내
찝적거려 본다.

선암사

선암사 1

서산 노을 넘어간다.

예불 종소리 저녁을 깨우니

이끼 낀 천오백년 산사 (山寺)에
달빛이 흐른다.

세속의 연의(緣衣) 벗은 선암 정토를
연옥색 명주천으로 감싸고
불심 연못에 수양벚꽃 휘영청 하니

초보 수행승 심연(心淵)에 잔물결이 인다.

속세의 실꾸리를 풀어야 하나 감아야 하나
달빛 젖은 창호지가
소리 없이 떨린다.

선암사 2

선암고매(古梅)에 봄비가 내린다.

언 때 녹여 씻어내고
가지마다 볼록볼록 옷고름을 헤친다.

꽃잎마다 방울 방울 구르니

백매 홍매 청매가 화장을 하네

겨우 80여년 살다가는 사람들
한바탕 봄꿈이나 꾸고 가라고

6백년 매화향기
일월광풍(日月光風)을 기다린다.

선암사 3

승선교(昇仙橋)를 올랐으니
이미 신선입니다.

긴 긴 세월 용맹정진 기도공덕이
조계산을 쌓았고

극락 염원이 국내 유일
삼인당 연못에 다 녹아 있으니

바로 여기가 별유천지
즐거움의 극지(劇地)일 진데

인고의 득도 수행 쉬엄 쉬엄 하세요.

깨달음

자아의 완성이요
마음의 사리입니다마는

결코 같이는 할 수 없는
혼자 와서 혼자 가는

혼자의 생각 아니겠습니까?
이 또한 비움을 가질려는
욕심이겠지요.

개똥밭

아침에 눈을 뜨니
어
내가 있네.
오늘도 생일이다.

바둥대고
빈둥거리다가

저녁에 눈을 감으니
어
내기 없네.
오늘도 제삿날이다.

맨날

부활 윤회가
쳇바퀴 도는

지금 여기가

천당극락 위에 있다는

진시황도
신부 목사 스님들도
말뚝 박고 싶어 하는

개똥밭이구나.

두레박 끈

장마 뒤라 우물 수위가 올라온다.
두레박 끈이 남는다.
정수가 덜 되어 그저 허드레 물이다.

가뭄에 우물이 깊어진다.
두레박 끈이 짧다.
귀한 물을 마실 수 없다.

끈 길어 거추장스럽냐고 욕먹던 두레박
한마디

가치를 모르는
짧은 끈 인연으로서는
좋은 사람 얻을 수 없습니다.

아저씨는 오골계

청계산 입새에서 점심을 먹고는
꼭대기에 갔다 온양 시원하게 신
발을 털었다.

아저씨!
방금 사용한 털이 대 1번 에어건이다.

왜 불러?

아저씨는 산도 오르지 않고 신발을 터세요?
안 된다는 규정이라도 있나 ?

내려와서 신발을 터는 사람들은 시간을 투자하며
힘들게 올라간 사람들 입니다.

나무와 바위도 보고 물소리 새소리도 듣고
지평선과 한줄기 비행운과도 이야기를 나누며
마음의 먼지까지 턴 그들 입니다.

그래서?
지나온 그들의
땀과 노력을 인정 하고 존중 하세요.

그게 당신들 사는 인간세상의 질서입니다.

아저씨는
보이는 먼지만 털고 가니

속이 검은 오골계입니다.

그래도 너무 그러지 마라.

이수봉에는 잘 안가도 옥녀봉 까지는 가는 사람이고
해 보지도 않고 해 본양 몰라도 아는 척하는
인지상정에서 예외는 아니지만

개인에 다소 고통이 따르더라도
먼저 나라 잘되기를 바라는 마음에서
국민보다는 국가안보, 국부창출에
박수를 치며

생일 날짜 보다는 국군의 날 퍼레이드에
가슴이 뛰는 아저씨이니라.
신발 먼지 한번 털다가
오골계 되다.

봄날은 간다

농막 뜰에 봄비가 지나가니
삼짇날 햇살에
대지가 푸른 숨을 사방에 토하는구나.

삐죽삐죽 싹 돋고
움트는 출생의 아픔과 기쁨이 산천에 넘쳐 난다.

같은 생명 사람들은 춘몽을 즐긴다고 왁자지껄 인데

정작 자연의 시작인 초목들은 말이 없네.

왜 조용 하나요.
눈이 부셔 할 말을 잊었나요.
반가워서 손뼉 치는 걸 잊었나요.

아니요.
사람들은 욕심이 많아

희로애락 감정을 있는 대로 다 가지고 다니기에
인간세상은 늘 시끄럽지만

우리는 바람한테 맡겨 놓습니다.
바람소리가 우리의 소리입니다.

꽃비 따라 작약새순
쑤욱 올라오니

땅이 애기를 낳아 축하한다고
봄볕에 놀던 참새들이
용천을 떨며

개나리 꽃잎 물고와
꽃샘추위
이불 하라 한다.

정자 천장이 제집인양 알을 까고는
영역 지킨다고
호들갑 울어대던 직박구리 놈

이 소리를 듣고는
나도 좀 보태야지

오줌 찔금하니

작약새순
앗! 뜨거워
더욱 자색이 된다.

천천히 익어 가면 좋으련만
시작이 반이라고
봄날이 벌써 미디움이다.

아주머니!
여기 불 좀 낮추어 주세요.

▲ 농막에 심은 작약꽃이 애기 웃는 얼굴입니다.

낙장불입

햇빛을 씨줄로 달빛을 날줄로 베를 짠다.

해(歲)와 달(月)아 만나니
세월 상표 옷감이다.

뱃속에서 입고 나와 숨 쉬는 동안은
누구나 절대 공평하니
生 老 病 死 무늬 4개
喜 怒 哀 樂 단추 4개다.

病 死무늬와 怒 哀단추가
늘 마음에 들지 않아
하늘과 가깝다는
나무꾼집 옷 수선 가게에 간다.

핸드폰 만지작거리던 할머니 왈
이 옷의 디자인은 上帝가 한 것이라

이승에서는 누구도 손댈 수도 고칠 수도 없다.

그래서 기쁘고 화내고
슬프고 즐거운 감정은 세트 메뉴라
각자의 지혜에 따라 많고 적음은 어느 정도 선택할 수 있다.

여기 백지수표 한 장 가져 왔는데
어떻게 좀 안 될까요?
딱 한 가지 방법은 있지
지금 당장 네 하고
천당
극락
가는 것

갈래?

아 아니요.
하늘과 카톡하시는 선녀 할머니!
그대로 입고 다니겠습니다.
100세 넘도록 시간만 많이 주십시오.

이게 인간들이다.

온천물 한바가지

입춘지나
크고 평온 바다라는
태평양의 초입 포구
숙소에서
會者定離를 앞둔
세월 쌓인 知己들과
즐거움을 함께 할제

억겁의
달빛은 고고
바닷물은 도도하구나.

한 폭의 그림보다 더한 눈물 나는 경관에 낙관을 찍어
가슴에 품고 싶은데

야간비행 연습중인
새끼 갈매기 한 마리

획을 긋고 날면서
끼욱 끼욱
자연은 무심이라 유심한 인간들은
그냥 보고만 가라 한다.

아니면
저 은빛 물로 쭈그러진 心身이나 펴고 씻어
달빛에 말리고나 가겠다 하니

그 또한
熟道의 경지에 오른
고수들의 몫이라고
맨날 실천 없는
꿈이나 꾸는 속인들은 언급 하지도 말라고 하네.

아침에
온천물 한 바가지를 덮어 써 본다.

아
시부저기 學習으로만 살고 있는 것
역시 꿈이로구나.

2023.2.10. 우라시마 호텔에서

일회용 종이컵

사람은
천하 잡식 다 뱃속에 넣어보고
온갖 잡념 머리에 담아보다가
심장이 멈추면
두세 번 흔들어 보고는
행하니 치워지는
일회용 종이컵이다.

살아생전
산삼으로 배를 채웠든
루이비통으로 휘감았든
갈 때는
부귀빈천 묻지 않고
삼베옷 입히고는 행하니 버려지는
일회용 종이컵이다.

혹시나 비닐 컵이라면
욕심으로 가득 찬 인간들의 영혼이 썩지 않고 쌓여
하늘을 찌를 것이니
조물주도 아찔
이를 천만다행이라 부른다.

맛도 없는 나이

시골에서 누가
쑥을 한 움큼 보내와
봄비 오는 아침에
쑥국을 먹는다.

고향 향기 입안에 가득한데
마음은 천리
남강 벌판 갯둑 길로 간다.

두리번
붉은 지운영 꽃 찾고 있는데
보리밭에서
새끼 낙하 훈련시키던
어미 종달새와
눈이 마주 친다.

"안녕하세요.
어 초등학교 때 여기서 소먹이고 고기 잡던 학생...
아니 벌써 영감님 되셨네요."
"맞다. 반갑다.
그래도 너무 큰소리 하지마라
아직은 이렇게 두발로 잘 걸어 다니고 있다."

영감소리
누가 들을까봐
얼른 식탁으로 순간 이동한다.

봄이면 먹곤 하던
엄마 표 조갯국 가죽자반
와이프 표 쑥떡은
세월 따라 가버리고

맛도 없는 나이
에누리 못하고
다 받아먹은 사람
입맛만 다신다.

신간안내

소리 소문 없었는데 또 책 한권을 받아보니
제목이 "우보천리 동행만리"이다.
느리지만 오래 가는 것이 가장 빨리 가는 것이라는
경영 슬로건으로 흙수저에서 탄탄한 중견기업 한국콜마를 창업하고
성장시킨 석오 윤동한의 자서전적 경영 에세이이다.

사람 사는 세상 책이 제일 보물이요 스승이요 멘토라고 하는데
살면서 주요 결정의 순간에는 일찍이 독서로 쌓은
知智學習의 본질로 길을 찾고
세종대왕 이순신등 역사적 인물탐구에서 가야할 방향을 정한다고 하니

준비된 사람에게 세 번 정도는 주어진다는 행운을 다 잡은 것 같아
오늘의 성취가 결코 우연이 아님을 읽게 한다.

물 흐르듯 담담히 써내려간 필력과 스마트한 편집이
독자에게 특히 창업을 생각하는 사람들에게 쉽게 다가 설 것 같다.

출간을 축하하며 저자의 건승을 빈다.

머리 말리는 여인
(고교동기 이태재 화백의 작품을 보고)

화폭에 꽉찬 뜨거움이
아침부터 눈을 뻔쩍 뜨게 만드네
말 그대로 그림 좋다.

홍천 모곡리 꽃밭에 누워있던 裸婦가
드디어 일(?)을 치르고는 샤워하고
머리를 말리고 있구나.
CHANEL no5 향기가 老氣를 자극 한다.

완숙한 여인
작품평가는 나중에 동호회 전시회 할 때 할 것이고 우선
순간 느낌이 무조건 먹어야하는
"곤륜산 서왕모의 농익은 복숭아" 같기도
"유기농 1등급 특란 후라이" 같기도 하다.
ㅎㅎ

아무리 그림이고
여체 감당 못하는 우리 동기들 나이지만
젖가슴에 손 많이 집어 넣어 볼 것 같으니
표구 할 때는 꼭 다시 목욕 시키게나 팬티도 입히고

취미작가의
평소 여유로운 행동거지가 그대로 배어있는 작품 감상 잘했습니다.
댕큐

그런데 여생을 만끽하는 것은 좋은데 이직도 끽연 하나? 끽 끽

한 분야의 도(道)의 경지를 본다.

2024.4.6
남산국악당

명의(名醫) 김세철의 인생을 농축한
"치유의 리듬"
책, 소리, 춤의 삼합을 대하면서
사람의 능력은 한이 없음을 실감한다.

정선아리랑에서 진도북춤까지
감동과 흥겨움과 일인자의 여유로움을 보았고
일생의 업, 전문분야의 사회공헌, 그 성취를 포장하는 타이밍도
매우 적절 한 것 같다.

한 분야의 정상에 오름을 術이라 한다면
의술에 예술을 더하니 가히 道의 경지를 느끼면서

다시 한 번 출간과 만석의 공연을 축하한다.

손주들에게 딱 한 가지 당부

세상은 아는 사람의 것이 아니고 이를 실천하는
사람의 것이라고 한다.
땀(노력)을 흘리지 않고는 이룰 수 없다는 말이다

살면서 무슨 일을 하던 주위의 도움이 꼭 필요하니
인간관계가 제일 중요하고 이의 첫걸음이 인사 잘 하는 것이다.

누구와 만났을 때

1. 상대방의 눈을 피하지 말고
2. 웃는 얼굴로 "안녕 하세요"를 또렷하게 말해야 한다.
3. 앞사람과 악수 하면서 옆 사람을 보지마라.

서로 간 눈이 마주쳐야 마음이 통하고 본인부터 모든 일에
자신감이 생겨 결국 무엇이든 해내는 사람이 된다.

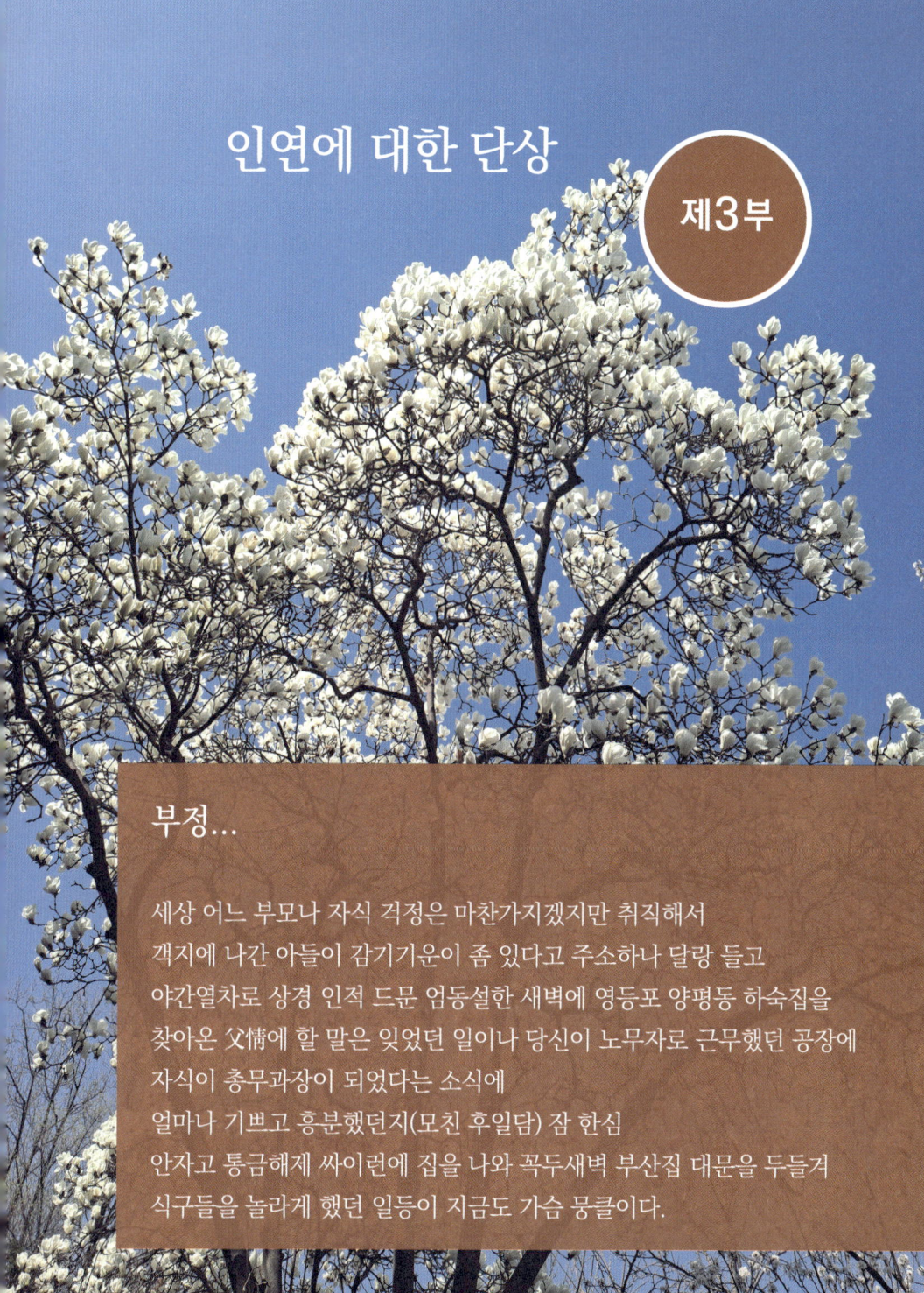

인연에 대한 단상

제3부

부정...

세상 어느 부모나 자식 걱정은 마찬가지겠지만 취직해서
객지에 나간 아들이 감기기운이 좀 있다고 주소하나 달랑 들고
야간열차로 상경 인적 드문 엄동설한 새벽에 영등포 양평동 하숙집을
찾아온 父情에 할 말은 잊었던 일이나 당신이 노무자로 근무했던 공장에
자식이 총무과장이 되었다는 소식에
얼마나 기쁘고 흥분했던지(모친 후일담) 잠 한심
안자고 통금해제 싸이런에 집을 나와 꼭두새벽 부산집 대문을 두들겨
식구들을 놀라게 했던 일등이 지금도 가슴 뭉클이다.

부모님에 대한 단상(斷想)

父

  평생 직위라고는 시골 이장이 전부인데 간혹 나를 숙연케 한다.
취직이 되어 집을 나설 때
"남자가 밖에 나가면 큰일을 당할 때도 있다.
어려움이 있더라도 낙담하지 말고 이겨 내거라"
할머니들 앉아 채소 과일 파는 난장(亂場)에 가서는
"값을 깎지 마라"
(우리 집도 여유와는 거리가 먼데)

父情

　　세상 어느 부모나 자식 걱정은 마찬가지겠지만 취직해서 객지에 나간 아들이 감기 기운이 좀 있다고 주소 하나 달랑 들고 야간열차로 상경 인적 드문 엄동설한 새벽에 영등포 양평동 하숙집을 찾아온 父情에 할 말은 잊었던 일이나 당신이 노무자로 근무했던 공장에 자식이 총무과장이 되었다는 소식에 얼마나 기쁘고 흥분했던지(모친 후일담) 잠 한숨 안 자고 통금 해제 싸이렌에 집을 나와 꼭두새벽 부산집 대문을 두들겨 식구들을 놀라게 했던 일등이 지금도 가슴 뭉클이다.

병이 없으면 가시기 힘 드는데....

사람이 살다가 늙으면 죽는 게 당연하다.
"난 병원에 안 갈란다"
생사를 초월 한 듯 한 의연한 자세에 감동을 받았는데
85세가 넘어가니 "내일 병원에 가자.
허리도 아프고 어지럽다.
영양주사나 한대 맞아야 겠다"
"죽어도 아픈 것 다 나사가지고(낫게 하여) 갈란다"
옆에 있던 며느리 왈
"병이 없으면 가시기(?)힘드는데 ㅋㅋ"
97세가 되는 2014년 초에 고향 선산 앞으로
터널공사가 계획되어있다는 소문을 듣고는

터널 보고 죽어야 할 텐데........
나이가 많아질수록 생에 대한 애착은
더 한 것 같다.

청어고기를 매우 좋아 하신다.

세끼를 계속 올려도 싹 비운다.
가시를 빗자루처럼 남기는 게 작품이다.
"그렇게 맛이 있습니까?"
"시골에서 클 때 부잣집 담 넘어 나오는 청어 굽는 냄새가 그렇게 좋았다"
모두가 가난할 때 그 기억이 머리에 각인되어 있는 것 같다.

대단한 부잣집 부음을 듣고는

"돈을 주고 명(생명)을 한 치도 못 사는구나"
98세 노인이 정곡을 찌른다.
"부조(부의금)는 얼마 할라카노?"
"그런 부잣집에서는 부조 안 받습니다"라고 하니 들은 척 만 척
"부조는 남들 하는 만큼만 해라"..........?

짜장면

나이가 90이 넘어가면서 친구가 없어지니 신문 말고는 새로운 정보가 없다. 잡수는 게 낙이 되어 가고 있다. 영감님은 밥보다 면이다 국수를 좋아하고 생일상에는 꼭 잡채를 올린다. 그중에도 짜장면은 유별나다.

부산제당에 취직이 되어서 가니 식당에서 검은 국수를 주는데 세상에 이렇게 맛있는 음식도 있구나. 두 그릇씩 먹었는데 알고 보니 이름이 짜장면이였다고 한다. 자식 공부 시킨다고 대구로 이사 온 그 해에 경북중학교에 시험이 되었으니 집안의 경사라고 그 당시 없는 집에 최고의 특식인 짜장면을 3일 연속 사주었는데 그 연후로 부자지간 별식은 자연히 짜장면이 되었다. 자식이 삼성에 취직이 되어 형편이 좀 나아지자 얼마간 잡탕밥으로 업그레이드 되기도 했지만 노년에 이빨이 약해지니 다시 짜장면이다.

요즘은 10일마다 동네 목욕탕에 모시고 가 때 밀고 짜장면 먹는 게 유일한 기다림이다. 아직도 한 그릇 싹 비우는 모습을 물끄러미 바라보면서 그때는 영감님이 돈만내고 내 혼자 먹었는데 지금은 내가 계산하고 父子가 같이 먹으니 재벌회장 혼밥 부럽지 않다. 간혹 가락시장 사장님들이 100세 영감님과 같은 탕에 몸 담가 장수기 운 받았다고 사이다 한 캔을 건네는 날이면 귀가 발걸음도 빨라진다.

나는 요양원 안 간다.(2014.3월)

　아버지가 의령중교 경주이씨 집안에서 제일 장수하신 것은 매사에 별 걱정을 안 하고 아무리 맛있는 음식도 정량에 숟가락을 딱 놓는다. 비가 오나 눈이 오나 동네 산보로 두어 시간 정도 걷는 게 장수에 결정　적 도움이 되겠으나 성인병에 절대 나쁘다는 설탕과 소금을 남들보다 세배는 많이 드신다. 소금 설탕의 범벅 섭취가 몸의 노화를 둔화시키는 방부제 역할을 한다고 생각이 들 정도이다.
아침에 주고받는 부자간 대화는 딱 한 마디씩이다.
"잘 주무셨습니까?"
"그래 니도 잘 잤나?"
그런데 오늘 아침에는 여기 앉아 보아라.
"무슨 하실 말씀이 있습니까?"
"응 어제 밤 꿈에 너거 엄마를 만났는데 따라가자고 하더라"
"예......... 그래서요?"
"내가 안 간다고 했다."
뜬금없이 다시 이어지는 말씀 "나는 요양원에 안 간다."
"내가 요양원 갈라고 너거 대학공부 시킨 것 아니다."
유언 비슷하게 일침을 놓는다.
요양원 가면 다시는 집에 오지 못함을 강하게 느끼시는 모양이다.
"네 알겠습니다."
거실로 나오니 와이프 안색이 별로다.

2017.1.1 정유년 새해 아침에 케이크에 촛불 하나를 켜다.

　고향 선영이 있는 동네 이름이 죽전리(竹田里)이니 대나무 밭골이다. 주위산세가 봉황이 깃드는 형국이라 하여 종친회 명칭도 '봉황종계'로 내려오고 있다.
　"대나무 밭에 봉황이 훨훨 날아드니 천하명당이다. 후손 중에 틀림없이 큰 인물이 날끼다." 이렇게 시간 날 때 마다 노래삼아 말씀하시는 영감이 오늘부터 100세가 된다. 집안 최장수 기록과 가족 간의 인연을 기리고 부친의 이야기가 언젠가 현실이 되기를 욕심내어 기대하면서 1세기짜리 촛불 하나를 켰다.
　소망에는 치성과 투자가 따라야 하는 법인데 장삼이사로 살아오는 평범 한 집안이라 벽돌 한 장이라도 더 얹질 수 있는 가세(家勢)가 이어지기를 바랄 뿐이다. 한데 올해부터 세배드릴 때 만수무강 하시라는 말이 어울리지 않는다고 생각이 드니 효자는 못 되는 모양이다.

벚꽃이야기

2019. 4월 아파트 벚꽃이 만개다.
　마지막이 될 줄도 몰라 아직은 정신이 조금 남아 있는 102살 영감님을 휠체어에 태워 동내 벚꽃구경을 나갔는데 씨익 한번 고개를 돌리곤 즉시 왈 "춘삼월 호시절이구나." 1세기가 넘어도 저런 감정이 남아 있구나....

別世

　서울과 대구 동생 집을 오가며 75년간 부자의 인연을 이어오던 영감님이 2020.2.15. 극히 온화한 얼굴로 세상을 달리하다.
고향 선영에 먼저 가 계신 어머니와 화장 합장으로 자연으로 돌아가시니 문상과 조의를 보내주신 많은 분들에게 카톡으로 먼저 인사를 드린다. "이번 아버지 喪事에 여러분이 보내주신 과분한 弔儀에 깊이 감사드립니다. 1세기와 3년을 더 사신 연세인지라 많은 사람들이 명복을 빌어주면서도 축하성(?) 멘트도 했습니다만 이승의 끈을 놓고 간 빈자리가 벌써 허전합니다.
　부모님 보내 드리는 일과 자식 셋 결혼시키는 일 5가지 숙제를 다 마치고 나면 홀가분할 것이라 생각 했는데. 이제는 내가 자식들의 제1의 숙제 대상이 되어가고 있음을 화들짝 느끼니 세월의 덧없음이 문틈으로 지나가는 백말을 보는 것 같다는 옛말이 실감 납니다.
싹트는 새봄의 기운을 심호흡하시어 늘 건강하고 좋은 일 많으시기 바라며 귀댁의 대소사에 꼭 연락주시기 바랍니다."
　날 받지 않고도 산일을 한다는 윤달 올 4월에 평장 표지석(상석)을 놓았다. 아버지 생전에 못 가졌던 號 선산에 있는 마당바위의 좋은 기운을 담아 厚巖이라고 지어 올리면서 혹시 염라대왕이 묻거든 답 하시라고 하고 어머니 본관 성씨에 이름자 넣고 남들 하지 않는 택호와 집안 최고장수를 기리는 연세까지를 넣어 각자를 해 달라 하니 석물공장 사장 왈 "자기 생전에 처음 본다고"

발복(發福)

　고향 선영 봉황정이 천하명당이니 후손 중에 큰 인물 날 것이라고 영감님이 노래처럼 말씀하셨지만 자식 대까지 가능성 없음을 느끼고 있는데 선영 일을 마치고 올라오니 손자놈이 초등학교 전체 학생회장이 되었다고 연락이 왔다.
　드디어 발복이 시작되는구나 혼자 웃고 억지 해석을 하면서 "바르게 자라 훌륭한 사람이 돼라"고 짧은 편지를 등기로 보냈다. 작은 당부이지만 일의 시작이 되기를 간절히 바라는 마음으로.

母

창녕 성(成)씨 성삼문의 후손으로 일제 강점기때 만주에서

    태어나고 택호는 목백일홍과 궁궐을 뜻하는 자미(紫薇)댁이다. 우리 집도 항상 빠듯한 살림인데 동냥 오는 걸인들 거저 보내는 법 없고 없는 반찬에 보리밥이지만 축담에서 먹고 가게 한다.

    우리가 냄새 난다고 한 소리를 하면 "얼마나 배가 고프겠냐?"로 담담히 넘기는. 평생 남편에 순종하고 자식들에게는 조건 없이 희생하는 부모 세대 인고(忍苦)의 여린 아낙네지만 연로하여 제사를 며느리한테 넘기는데 자식들 고생하고 시대에 따라야 한다며 영감님 주저 의견 무시하고 4대 봉제사를 딱 2대로 끊어 줄 때나 외조부모 선영에 석물할 때 우리 집 형편에는 거금인 논 한 마지기 값을 영감을 졸라서 내게 할 때는. 아 이런 단호한 면도 있구나. 연륜이 쌓인 내공이 나를 놀라게 한다.

어릴 적 시골에서 우짜다가 닭 한 마리를 잡을 때면
다리 하나는 꼭 내 그릇에 담겨 나온다.

    다리 먹고 힘내라는 말씀과 함께 중요한날 새벽이면 정한수 떠 놓고 자식 잘 되라고 지극정성 천지신명께 빌던 모습이 눈에 선하다. 기도에 걸 맞는 자식이 되지 못한 죄송스러움에 그리움이 항상 더 해 진다.

우리 집에는 이상하게 돼지가 잘된다는 동네 소문이 있었다.

　짜구난 남의 돼지를 가져와도 금방 잘 자라니 지금 와서 생각하니 엄마의 정성이 분명 한 것 같다.
"난 된장 좋아한다. 고기는 너거 먹어라"
나중에 알고 보니 돼지족발을 무척 좋아 했다.
"난 죽어서 새가 될란다. 만주 벌판을 훨훨 날아다니고 싶다: 중년이 후 다리 관절이 불편하여 만주 벌판을 구경 못시켜 드린 게 후회가 된다. 어느 부모와 마찬가지로 자식들이 한번 씩 본가에 내려오는 걸 좋아하시니 열흘 정도 전에 연락을 해 놓는다.
심심한 노인 열흘이 즐겁게 간다. 자식으로서 잘한 것 이것 밖에 없는 것 같다.

　89세로 세상 뜬 추운 겨울 화장한 어머니 유골함을 고향 선영으로 들고 가는데 아직 식지 않은 온기가 마지막까지 자식을 따뜻하게 해 준다.
　눈물이 나왔다. 아 어머니!

이병철 회장님에 관한 단상(斷想)

　세상은 생각하고 아는 자의 것이 아니고 실행하는 자의 것이라고 한다. 아무리 많은 지식, 앞선 정보, 좋은 아이디어가 있어도 이를 행동으로 옮기지 않으면 아무것도 이룰 수 없다는 세상 이치를 말함이다.

　기업경영에 입신(入神)의 경지로 불리는 호암의 한 인간으로서의 위대함은 바로 아는 것을 아는 데 그치지 않고 이를 실행 했다는 사실일 것이다. 생각과 행동 사이에는 한 발짝 옮김이지만 인간 능력의 진수들인 철저한 자기관리, 통찰력, 결단력, 추진력 없이는 불가능한 일이니 우리 같은 범인(凡人)들로서는 족탈 불급이다.

　호암의 평전(評傳)은 자서전을 비롯하여 십수 종이나 나와 있어 사족을 다는 게 무의미하고 또 그럴 위치에도 있지 못하다. 다만 몇 년간 집안일을 담당하면서 지시받고 보고드리면서 느낀 점 몇 가지를 적어본다.

단상 1

(122.6x30.8 호암 묵서친필)

내게 호암의 묘비명을 쓰라 하면 다음과 같이 새기고 싶다.
"평생을 무한탐구의 좌우명으로 매사에 의문하고 탐구하여 先知하고 이를 실행한 사람 사업 보국 인재제일 합리추구의 경영이념으로 나라 제일의 기업군을 일구고 성장시켜 진정 國富에 이바지한 경영의 신 삼성그룹 창업회장 호암 이병철 여기에 잠들다."

단상 2

미래를 짐작하는 지혜를 선견지명이라 한다면 호암의 삼성전자와 반도체 사업 시작을 제일로 꼽는다.
지극히 당연하나 이에 못지않게 한 가지 간과하고 있는 게 있는 것 같다. 기업의 창업과 성장 못지않게 수성(守城)에 내조(內助)의 중요성과 2세의 자질까지를 내다보고 우수한 피의 가문과 혼맥을 맺었다는 사실이다.

단상 3

천하의 이병철회장도 고향시골 이야기를 할 때는 즐거워하셨다.

- ㅇㅇ띠기(택호)는 아직 그 집에 살고 있나?
- 종중 재실의 대문은 괜찮나?
- 묘지 관계일은 현손 동희(玄孫 東熙:장조카인 당시 제일병원 원장) 한테도 보고해라.

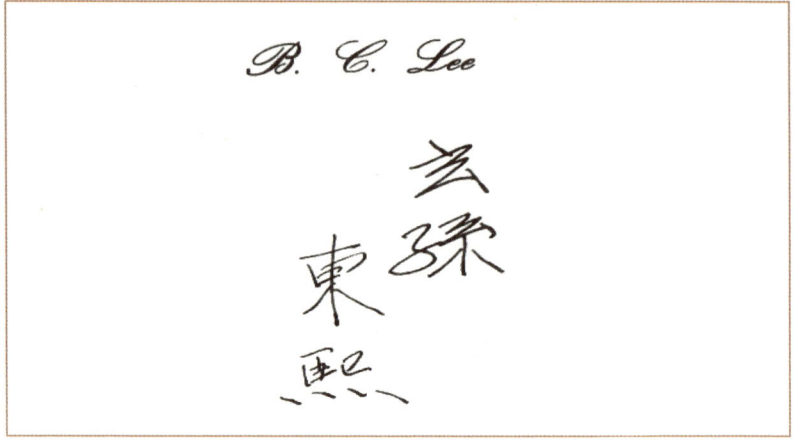

(玄孫 東熙를 언급하면서 집안을 챙겼던 이회장 전용 메모지)

단상 4

임직원을 문책할 때 자주 쓰는 세 가지 말씀

"저놈 게으르다"

"저놈 거짓말 한다. 말은 청산유수 같다"

"저놈 까분다."

이말을 들은 임직원들은 보직이 꼭 바뀌곤 했다.

단상 5
1970년대 후반 국내에 벤츠600이 3대 있다고 할 때 그 차 타고 잡숫던 과자 : 맛동산

단상 6
호암 생가 터

　사람은 환경의 지배가 절대적이라 예부터 공간, 시간, 인간을 삼간(三間)이라고 했다.
그래서 태어나고 사는 곳이 시간과 인간관계를 좌우하기에 운(運)도 달라진다고 보고는 땅의 기운을 중심으로 명당 이야기를 하는 모양이다.

　부자 기운을 받는다고 유명 관광지가 되어있는 의령군 정곡면 중교리 호암 생가 터가 명당이라고들 한다.
뒷 산맥이 힘차게 뻗어 내려온 힘이 뭉쳐 일명 돈바위를 감싸 생가 터를 품고 있는 형국이니 결과론적이지만 모두가 수긍을 하고 있다.

　그런데 풍수지리가
얼마나 과학적 근거가 있는지는 몰라도
유년기를 고향에서 보낸 사람으로서 듣고 보고 느낀 지기(地氣)와 생기(生氣)를 하나 언급해 두고 싶다. (향후 이를 말할 수 있는 사람이 없을 것 같아서)
　뒷산 위로 마당바위, 함박등 이라는 좋은 지명을 따라 한참을 올라가면 아는 사람만 알고 있는 윗대 음택이 있다.

주위의 모든 산들이 산소를 향해 절을 하고 있는 지형을 하고 있어 유명 풍수들이 무릎을 친다는 곳이다.

동네사람들은 이 좋은 지기가 생가터로 내려오고 있다고 믿고 있다.

여기에
1950년대 살던 현지 주민이 아니면 아무리 유명한 풍수라도 알 수 없는 생기(生氣) 이야기이다.

집 뒤에 우거진 참나무 숲에
가을이 되면 꿀밤(도토리)과 불쏘시개 낙엽이 수북이 쌓이고 동네 앞 남강줄기 벌판에서 낮 동안 먹이를 먹은 수천마리 갈까마귀들이
마치 새가 잠자는 곳이 명당이라는 옛말을 단체로 알리듯 저녁에는
이 숲에서 잠을 자고는 배설을 하니
참나무 숲을 더욱 무성해진다.

결국
생가 터가 문외한이 보아도
땅의 힘찬 기운과 생물의 왕성한 기운이 서로를 도우고 모이고
쌓이는 길지(吉地) 이라는 것이다.

☆ 중교리는
세 명의 재벌이 나왔다고 전설처럼 회자 되고 있는 의령 정암의
솥바위로부터 대구방향 동북쪽으로 20여리 떨어진 급행버스도 서지 않는 교통오지이다.

마을 뒤로는 지리산 줄기로 이어지고 앞으로는 벌판을 지나 남강이 흐르고 있어 전형적인 배산임수 지형 마을이다.
세 개의 부락으로 나누어져 있는데 생가가 있는 동네를 우리가 자랄 때는 "장내(墻內)부락" 또는 우리말로 "담안" 이라고 했다.
16대 조상이 경주에서 이사 오면서 시작된 집성촌으로 한때는 120가구 대부분이 경주 이씨라고 유네스코 연구 대상이 되기도 했는데 2023년 현재 이씨 집안은 열 가구 정도가 채 안 된다.

지기(地氣)에 생기(生氣)를 더한 명당 생가 터

생기 ● 수백그루의 참나무(도토리)
　　　● 수천마리의 갈까마귀 떼 여기서 잠을 자고
　　　　배설을 하여 땅을 거름지게 함.
지기 ● 뒷산이 힘차게 뻗어 내려와 끝부분에 바위형성.

단상 7

　건강이 악화되어 시한부 선고를 받은 1986년 4월 안양 골프장(벚꽃과 목련이 기가 막힘)의 만개한 벚꽃나무를 어루만지면서 눈물을 흘려 주위를 숙연케 했던 노인 미동어른(부인 박여사가 묘동에서 시집을 왔기에 묘동댁이 택호인데 고향에서는 부르기 좋게 묘동대신 미동으로 바꾸어 미동어른, 미동댁으로 통용되었음)

　그 많은 것 그 모두를 두고 가야 하는
　그 심정이 과연 어떠했을까?

　空手來 空手去라 성취와 고뇌의 인생을 압축한 영화 같은 그 장면을 벚꽃이 필 때마다 생각이 난다.

단상 8

　묘소와 생가관리등 집안일을 그만둘 때 마지막 하신 말씀 요즘에도 간혹 반추를 해본다.
"남한테 모함을 받거든 찾아오너라"

세상 뜨시고 한남동 영전을 찾아 명복을 빌어 드린다.

회장님!
베풀어주신 후의
항상 감사히 간직하고 있습니다.

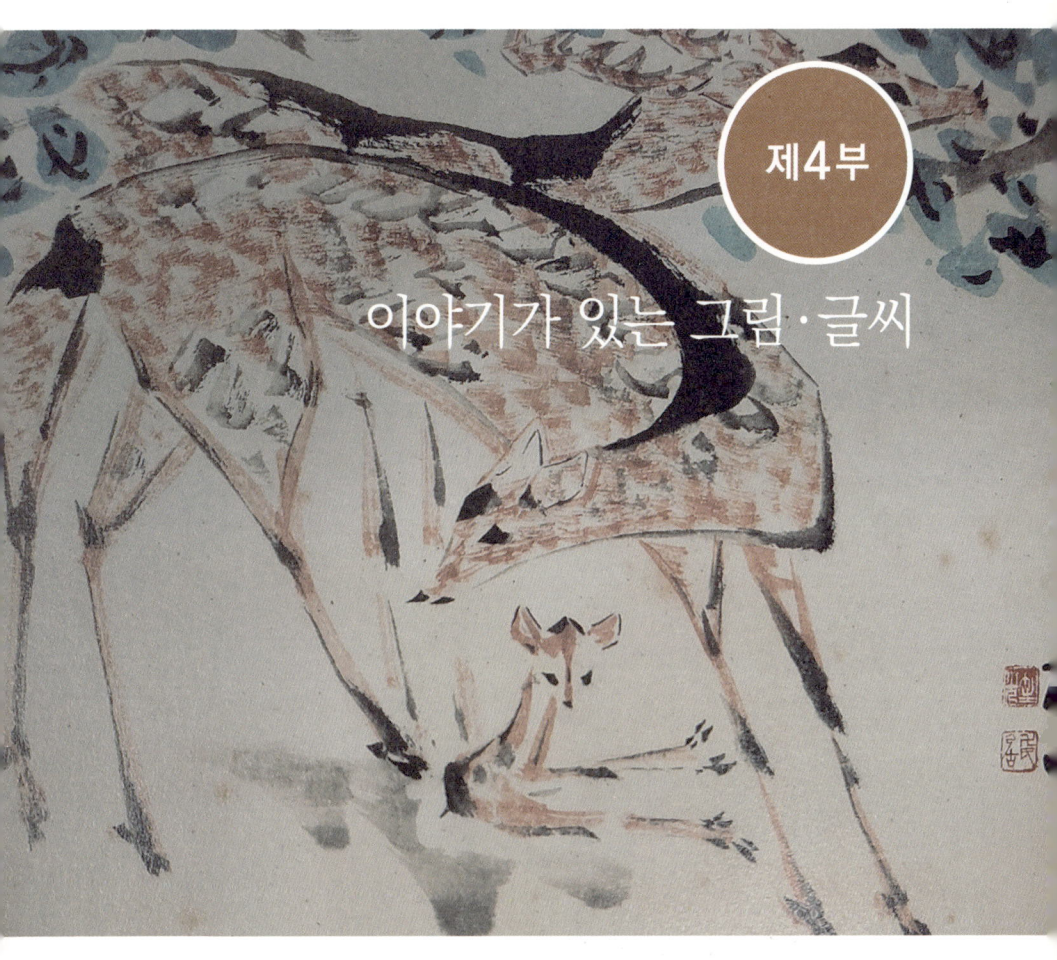

제4부

이야기가 있는 그림·글씨

직장생활 할 때 미술품을 관리했던 인연으로
취미삼아 즐기는 소품 몇 점을 가지고 있다.
이야기가 있는 글, 그림 몇 점을 소개한다.

소치 허련의 수묵화

부귀와 장수를 상징하는 모란과 괴석을 당당하게 배치하고
봄꽃이 풍성한 대궐의 이른 아침 풍경을 畵題로서
이야기 하고 있는 소치 허련(1809~1891)의 묵모란도 이다.

	殿	曉	전 효
數	春	錦 窓	수춘금창
豊	花	帳 玲	풍화장영
臺	事	開 瓏	대사개롱

[새벽창이 영롱하여 비단 커텐을 여니
봄이 온 대궐 누대에 많은 꽃이 피었구나]

왕이나 왕비가 창문을 연 것으로 보아
이 그림의 기운이 예사롭지 않다.
왕실에 선물하려고 그렸는지?
진정 나라와 백성을 위하고 국운을 이어갈
대선주자가 있다면 이 그림의 좋은 기운이
전달되었으면 좋겠다.

이 그림을 소장하면 청와대 주인이 될 수 있겠다는 친구 이야기도
있고 해서 손자 방에나 걸어 주어야 할까 부다.
(아들놈은 이미 늦었고)

가야산 안내도

가야산 홍류동 계곡을 그린 작가미상의 산수화이다.(75cmX65cm)

무릉교, 농산정, 홍류동, 광풍뢰, 취적봉등 홍류동 계곡명승지는 물론 酒店까지 명기 되어있는 한 폭의 압축된 실경산수화로서 요즘의 해인사 소리길 관광안내도를 보는듯하다.

농산정 왼편에 표시된 南山寺를 지역에서도 아는 사람 없고 흔적을 찾을 수 없는 폐사인 점을 감안하면 작품연대는 150~200년 전으로 거슬러 올라간다.

2009.5,10 KBS 진품명품에 출품되어 현지답사 방영하고 진동만 위원이 감정 평가한 해인사 홍류동계곡에 관한한 대표적 史的 자료이다.

손재형의 화중유시

31x120cm

이 글씨는 손재형이 전서(篆書)로 쓴 화중유시(畵中有詩) 이다.

그림 속에 시가 있다고 느낄 정도로 좋은 작품임을 일컫는 말로 어 한다.

1961.5.16일 밤이라고 시점을 명기한 것으로 보아 군사혁명에 대한 자신의 생각을 담은 것으로 추정되며
혁명이 당일에 실패 했다면 이 글씨를 쓰지 않았을 것이고 그 후라도 성공을 못 했다면 폐기되었을 작품인것 같다.

(손재형(1903~1981)은 전남 진도출신으로 일본으로 유출되었던 추사 김정희의 세한도를 국내로 다시 가져왔고 예술원 부회장, 8대 국회의원과 박정희 대통령의 서예 스승을 하기도 했다.)

박성환의 농악

　황해도 출신 박성환화가(1919~2001)는 농악 소재의 그림을 즐겨 그렸다. (91×62 종이에 수채)

　대보름 달빛 아래서 펼쳐지는 역동적인 농무(農舞)와 농촌 냄새 물씬 나는 황토색 채색에서 고난을 승화시키는 농자(農者)의 흥(興)과 작가의 혼(魂)이 만나고 있음을 강하게 느끼게 하는 작품이다.

농악은 세계 어디서고 찾아볼 수 없는 우리만의 고유 민속놀이다.

농자천하지대본의 깃발을 앞세우고 나팔 불고
장구, 꽹과리, 북치고 상모 돌리면서 지신을 밟아
가족의 건강, 마을의 안녕을 빌며 풍년을 기원했다.

이러한 농악이 급격한 산업구조 변화에 따른
농촌인구 감소와 고령화로 거의 사라지고 있는 실정이다.

국력총량에 기여도와 직업 비중이
사농공상(士農工商)에서 상공농사로 바뀐 세상이지만

어느 기업의 상호가 농심(農心)이듯이
농악(農樂)의 그 신명의 기운이
부디 상공악(商工樂)으로 이어져 나라 번성의 뭉치는 힘이 되기를
바라는 마음 간절하다.

에필로그

원고정리를 마치며
가산점 받을게 없다
국제문예 수필부문 등단 심사평

원고정리를 마치며

■ 제목 정하기

여기까지 부족한 글 겨우 모아 한권을 묶었는데 제목이 마땅찮다.
폼 나게 살아 왔으면 아무개著 "남기고 싶은 이야기"로 하면 그만인데 장삼이사로 살아온 사람한테는 가당치도 않는 일이라 제목 하나 정하는데 며칠 고심이다.
결국 수구초심이 발동
어릴 적 남강벌판 자라등으로 소 먹이려 다니던 고향 길 "나부태 고개"로 정한다.(p151 참조)

■ 가산점 받을게 없다

수긍이 가든 안가든 요즘은 가산점 시대다.
그동안 도움 안 되는 나라 걱정 말고는 잘한 게 없으니 나중에 염라대왕 앞을 통과할 때 가산점 받을 게 없다.
남들 다 받는 초등학교 때 우등상 몇 개는 찾지를 못하겠고 회사 근무 때 그룹 내 칼라 TV판매 캠페인에서 130여대로 제일 많이 팔았다고 받은 대상하고 소업을 하면서 세금 조금 잘 내었다고 표창과 늘그막에 수필등단 신인상이 전부다.
추억의 앤틱물로 생각하고 넣어본다.

賞 狀

大賞　　三星綜合建設株式會社
　　　　기획조사팀 이승희

貴下는 1982年 3月2日부터 4月 25日까지 實施한 칼라TV 그룹판매 캠페인에서 투철한 共同意識과 愛社心을 發揮하여 위와 같은 實績을 達成하였으므로 이에 賞狀과 副賞을 드립니다.

1982年 5月 8日

칼라TV그룹캠페인推進委員會
위원장 趙 又 同

제 3014 호

표 창 장

성다화성
대표 이승희

귀하는 납세의무를 성실히 이행하여 국가재정에 이바지하였을 뿐만 아니라 선진납세문화 정착에 기여한 공이 크므로 이에 표창합니다

2015년 3월 3일

중부지방국세청장 김 재 웅

■ 국제문예 수필 부문 등단 심사평

"주인과 길 가는 사람", "햇빛을 보고 싶었던 고시비(古詩碑) 하나" 등 3편의 묵직한 수필작품을 보내온 이승희님의 글에서는 긴 세월의 삶의 여정에서 만난 귀중한 순간들을 진솔하고도 무게감 있게 정리한 면면이 가슴에 와 닿는다. 서술기법도 물 흐르듯이 담담하게 써내려 가고 있어 수준급으로 보이며 나름대로 창작의 토대를 견고하게 구축하고 있음을 알 수 있다.
"…(전략) 시간은 인간에게 주어진 절대공평이요, 절대규제이다. 모두가 똑같이 가지고 있으나 소중한지를 잘 몰라 마구 쓰고 있고 절대규제이니 대다수 사람들은 그저 따라갈 뿐이다. 자신이 주인이고 시간은 관리인이라는 사실을 잊은 채 시간에 쫓기고 있다. 주인이 가만히 있으니 정원사가 마음대로 꽃나무를 선정하고 키워 정원사의 정원으로 만드는 격이다.(이하 하략, "주인과 길 가는 사람" 중에서)"에서 보듯 시간의 중요성을 마음에 와 닿게 하고 있으며 더 나아가 시간관리의 형태를 도표로 보여주는 세심한 배려도 돋보인다. 무려 35년여 전, 회사 직원야유회로 찾아갔던 화양구곡에서 아침 일찍 수석채집을 하던 중 우연히 조선조의 대 유학자 우암 송시열의 유실된 비석 하나를 발견하여 우여곡절 끝에 우암종친회와 연결시켜 주었던 일화를 정리한 "햇빛을 보고 싶었던 고시비(古詩碑) 하나"에서도 작품소재의 발굴이나 작품의 구성 그리고 어휘의 적절한 배열 등이 높이 평가된다. "주인과 길 가는 사람"과 함께 이번호 국제문예 수필부문 당선작으로 選하며 아울러 영예의 국제문예 등단을 진심으로 축하하는 바이다. 끈기 있게 글 읽기와 습작을 생활화하여 중견수필가로 거듭나기를 기대한다.

나부태 고개

초판인쇄 | 2024년 12월 05일
초판발행 | 2024년 12월 10일

지은이 | 이승희
펴낸이 | 김경옥
디자인 | 김현림
펴낸곳 | 도서출판 온북스

등록번호 | 제 312-2003-000042호
등록일 | 2003년 8월 14일

주소 | 서울시 은평구 통일로 82가길 4-7 401호
전화번호 | 02-2263-0360
팩스 | 02-2274-4602

ISBN 979-11-92131-29-0

잘못 만들어진 책은 교환해드립니다.
이 출판물은 저작권법에 의하여 보호받는 저작물이므로
무단 전재와 무단 복제를 할 수 없습니다.